Irina Bosley

IQ-Training für Generation 55plus

Übungsprogramm zur Erhaltung und Steigerung der geistigen Fitness –

30 Aufgabenblocks für 30 Tage und
80 Zusatzaufgaben

Irina Bosley

IQ-Training für Generation 55plus

Übungsprogramm zur Erhaltung und Steigerung der geistigen Fitness –

30 Aufgabenblocks für 30 Tage und 80 Zusatzaufgaben

Gut investierte 10 Minuten

- neue Kompetenzen gewinnen
- sich mental aufbauen
- Demenz vorbeugen
- Lebensqualität verbessern
- den Alltag besser bewältigen
- geistig reger, gesünder, zufriedener und länger leben

© 2015 by SolArgent Media AG, Division of BORGMANN HOLDING AG, Basel

Veröffentlicht in der Edition:
verlag modernes lernen GmbH & Co. KG • Schleefstraße 14 • D-44287 Dortmund

Gesamtherstellung in Deutschland: Löer Druck GmbH, Dortmund
Titelbild: © psdesign1 – Fotolia.com

Bestell-Nr. 1611   ISBN 978-3-8080-0753-2

Inhalt

Geleitwort

Früher, wenn das Vieh krank war, fragte man den Ältesten im Dorf, der Kraft seiner Lebensweisheit Rat wusste; heute geht der Opa mit seinem neuen Smartphone zu seinem Enkel, um sich erklären zu lassen, wie man damit WhatsApp empfängt. Die Zeiten haben sich geändert. Worauf sich die moderne Gesellschaft in den letzten Jahrzehnten zunehmend mehr fokussiert hat, sind die Flexibilität, Dynamik und Belastungsfähigkeit junger Menschen. Schon viele Fünfzigjährige fühlen sich als „altes Eisen", mit nur schwachen Chancen auf Vermittlung, wenn das dunkle Monster „Arbeitslosigkeit" zugeschlagen hat.

Hierbei werden endlos Ressourcen verschwendet. Im wirklichen Leben zählt nicht nur Jugendlichkeit! Fähigkeiten wie Menschenkenntnis erwirbt man erst mühsam über Jahrzehnte; ältere Mitarbeiter können langgewohnte Arbeiten nahezu automatisiert verrichten und sind damit oft schneller und routinierter als junge Leute, und sie verfügen meist über praktische Erfahrung und ein großes soziales Netz, das ihnen bei Problemen hilft. Das Fachwissen solcher Menschen einfach an den Nagel zu hängen, nur weil sie das 50ste Lebensjahr überschritten haben, stellt eine der größten Verschwendungen unseres Jahrhunderts dar!

Solche über Jahrzehnte herangereifte Fähigkeiten gilt es zu retten, zu bewahren, um sich damit in das Arbeitsleben und die Gesellschaft auch im Alter noch produktiv einzubringen. Da sie häufig viele Qualifikationen aufweisen, eignen ältere Menschen sich durchaus nicht nur für den aktuellen Arbeitsmarkt, sondern können auch im Privatleben Hilfe und Unterstützung für Freunde, Nachbarn und Verwandte anbieten, oder in Vereinen ehrenamtlich etwas Nachhaltiges für unseren Planeten bewirken. Kraft einer großen Lebenserfahrung stellen ältere Mitbürger eine der wichtigsten Ressourcen für unsere Kultur dar.

Zentraleuropa wird im demografischen Wandel immer älter, zunehmend mehr wachsen die starken Jahrgänge der Nachkriegsgeneration, die so genannten „Baby Boomer", in die Altersgruppe ab 55 hinein. Um nicht ausgesondert zu werden, ist die Entwicklung von Strategien von besonderer Wichtigkeit, um sowohl Leistungsfähigkeit als auch Lebensqualität im Alter zu gewährleisten und aktiv am Leben teilzunehmen. So steigt z.B. die Anzahl der erwerbstätigen Rentner jedes Jahr. Damit gewinnen Gesundheit und vor allem die kognitive Leistungsfähigkeit im Alter an Bedeutung. Ein Sprichwort sagt: „Junges Alter ist besser als alte Jugend."

In diesem Kontext stellt dieses Übungsbuch von Irina Bosley einen wichtigen Beitrag dar.

Prof. Dr. Erich Kasten

Vorwort

Das menschliche Gehirn wird im Laufe des Lebens ständig beansprucht. Es bilden sich neue Verknüpfungen zwischen den einzelnen Nervenzellen, neues Wissen integriert sich, alte Inhalte strukturieren sich neu. Mit dem Alter nimmt die Plastizität, also die Fähigkeit des Gehirns, neue Verbindungen herzustellen, tendenziell ab. Das kann sich bei den Gedächtnisleistungen bemerkbar machen.

Bekanntermaßen wird die geistige Fitness älterer Menschen pauschal nicht allzu hoch eingeschätzt. Senioren haben Schwierigkeiten im Arbeitsleben und Ärzte stellen so geringe Ansprüche an deren Leistungsfähigkeit, dass bei vielen Menschen echte Altersdemenzen lange nicht erkannt werden. Das Gedächtnis im Alter muss aber nicht zwangsweise nachlassen. Durch systematisches Training lässt sich diesem natürlichen Zerfall der flüssigen Intelligenz entgegenwirken und der Trend sogar positiv umkehren.

Diese Steigerung spiegelt sich in verbesserten Leistungen im Alltag. Dazu gehören zum Beispiel Verständnis von zugetragenen Informationen, Wortflüssigkeit und Gliederung eigener Gedanken beim Sprechen, Mitrechnen beim Einkaufen, eine höhere Aufmerksamkeit im Verkehr, ein besserer Umgang mit neuen Technologien, eine schnellere Auffassung in vielen Lebenssituationen. Im Allgemeinen begünstigt die geistige Fitness den Gewinn neuer Kompetenzen und die Führung eines selbständigen, von Hilfen durch andere Menschen weitgehend unabhängigen Lebens. Das klingt nicht nur vielversprechend, es ist es auch.

Das Gehirn muss ständig trainiert werden, um dauerhaft leistungsfähig zu bleiben. Sich im Alter einer bisher ungewohnten, stimulierenden Herausforderung zu stellen kann geistig fit halten und den gefürchteten Abbau kognitiver Funktionen verzögern. Bereits mit einem regelmäßigen Training zwei Mal pro Woche verringert man sein Demenzrisiko um die Hälfte. Um geistig fit zu bleiben sollte man sich auf mehrere Arten anregen lassen. So werden möglichst viele Bereiche des Gehirns beansprucht. Außerdem sollte man Anforderungen variieren und Gewohnheiten durchbrechen, um dem Kopf die Anregung zu geben, die er braucht.

Dieses Trainingsprogramm für 30 Tage hat das Ziel, geistige Leistungsfähigkeit von Senioren mit dem täglichen IQ-Training zu erhalten und zu steigern. Man investiert täglich für die Bearbeitung von einem Aufgabenblock aus insgesamt 14 Aufgaben bis zu zehn Minuten Zeit. Mit zahlreichen Intelligenzübungen aus den Bereichen Sprachverständnis und Logisches Denken fördert man geistige Fähigkeiten, wie etwa Konzentration, Urteilsvermögen und schlussfolgerndes Denken.

Die Aufgabenarten in diesem Buch stammen aus den gängigen IQ-Tests für Erwachsene und Kinder und die Aufgaben wurden von mir selbst entwickelt. Dank einheitlicher Struktur von Aufgabenblocks und steigendem Schwierigkeitsgrad der einzelnen Aufgaben werden Sie feststellen, dass Sie am Ende des Programms viel mehr bewältigen können als zu Beginn. Dieses Buch kann entweder oberflächlich zur Unterhaltung oder intensiv genutzt werden. Bei Letzterem ist eine erhebliche Steigerung des geistigen Leistungsvermögens zu erwarten.

Irina Bosley, im Oktober 2014

Gesellschaftliche Entwicklung

Alterung der Weltbevölkerung

In Zukunft wird der Anteil älterer Menschen in der deutschen Bevölkerung stetig größer. Dank des medizinischen Fortschritts leben wir immer länger. Und weil wir immer weniger an „einfachen", früher tödlichen Infektionskrankheiten sterben, erkranken immer mehr Menschen an chronischen Zerfallserscheinungen wie Demenz. Denn das Risiko für Demenzen steigt mit dem Alter rapide an. Während von den 65-Jährigen gerade jeder 26. Alzheimer bekommt, ist es bei den 85-Jährigen schon jeder Dritte. In Deutschland beträgt die Zahl der Demenz-Patienten im Moment 1,4 Millionen. Zwei Drittel von ihnen leiden an Alzheimer. Jedes Jahr bekommen 300 000 Menschen die Diagnose Demenz.

Über Alzheimer und Demenz

Alzheimer ist eine Demenz-Art, die Probleme mit dem Gedächtnis, dem Denken und dem Verhalten verursacht. Die Krankheit entsteht dadurch, dass die Moleküle mit giftigen Eiweißstoffen Nervenzellen zerstören. Die Art der Beschwerden und die Dauer der einzelnen Krankheitsphasen unterscheiden sich stark von Patient zu Patient. Die Reihenfolge der Beschwerden ist bei fast allen Patienten gleich.

Frühstadium

Durch seine enorme Leistungsfähigkeit kann das Gehirn einen Verlust an Nervenzellen jahrelang ausgleichen. Erst danach fallen kleine Fehler auf, die durch Vergesslichkeit oder Konzentrationsprobleme entstehen.

Mittleres Stadium

Die Selbständigkeit ist erstmals eingeschränkt. Die zeitliche und örtliche Orientierung fällt schwerer, ebenso die Bewältigung der Alltagsroutine. Verhaltensauffälligkeiten und der Verlust des Tag-Nacht-Rhythmus kommen vor.

Spätstadium

Je länger die Krankheit dauert, desto mehr Fähigkeiten gehen verloren. Die Patienten sind völlig abhängig von Pflege. Das Zeitgefühl schwindet, ebenso die Sprache. Kommunikation gelingt über Berührungen.

Die meisten Personen mit Alzheimer sind 65 Jahre oder älter. Menschen mit Alzheimer verlieren nach und nach ihr Gedächtnis und damit die Erinnerung an ihre eigene Persönlichkeit. Es ist eine fortschreitende Krankheit, bei der sich Demenz-Symptome über mehrere Jahre schrittweise verschlimmern. In der frühen Phase ist der Gedächtnisverlust gering, doch in der fortgeschrittenen Phase der Alzheimer-Krankheit verlieren die Betroffenen die Fähigkeit, eine Unterhaltung zu führen und auf ihre Umgebung zu reagieren. Personen mit Alzheimer überleben durchschnittlich acht Jahre, gerechnet von dem Zeitpunkt, an dem die Symptome für andere erkennbar werden, aber die Überlebensdauer kann sich zwischen vier und 20 Jahren bewegen, abhängig vom Alter und anderen Gesundheitsbedingungen.

Es gibt Medikamente, die zur Behandlung von Demenz-Symptomen eingesetzt werden. Patienten in frühen bis mittlerem Stadium bekommen Medikamente, die die Symptome für sechs bis zwölf Monate stabilisieren. Derzeit gibt es aber keine Heilmittel, das das Fortschreiten der Krankheit stoppen kann.

Prävention von mentalem Abbau durch gesunden Lebensstil

Unser Gehirn ist dem Alternsprozess unwiderruflich ausgesetzt. Es ist nicht austauschbar, wie manche Organe. Eine leichte Vergesslichkeit wird jedoch im Alter jedem Menschen zugesprochen und gilt als „normal". Aber es muss im Alter nicht zwangsläufig zu einem Verlust der geistigen Fähigkeiten und des Gedächtnisses kommen. Der Schlüssel für ein leistungsfähigeres Gehirn ist eine gesunde und aktive Lebensweise. Mit Sport, gesundem Essen und mentalen Tätigkeiten kann man sehr viel erreichen. In allen Lebenslagen hat man mehrere Möglichkeiten.

Faktoren zur Steigung der geistigen Fitness

| Gesunde Ernährung | Sport | Gehirntraining | Beruf und soziale Kontakte | Spaß am Leben |

Gesunde Ernährung	Es wird eine ausreichende Versorgung mit Vitaminen und eine entsprechend balancierte Fett- und Cholesterinaufnahme empfohlen. Wer viel Obst, Gemüse, Fisch, Nüsse isst und auf Fleisch, Fett und Süßes verzichtet, senkt sein Alzheimer-Risiko. Auch Kaffee und Tee können die Gehirnzellen schützen.
Sport	Sportliche Betätigung wirkt für das Nervenwachstum anregend. Günstig sind dabei vor allem Ausdauersportarten (Laufen oder Walken). Die Bewegung sorgt nicht nur für eine bessere Durch-

blutung des Gehirns, sondern soll sich auch positiv auf das Wachstum auswirken – zumindest deuten Studienergebnisse darauf hin. Bereits ein halbstündiges Training dreimal pro Woche zeigt eine Wirkung.

Gehirntraining

Ständiges Training im Sinne eines ‚Gehirnjogging'. Wer sein Gehirn vor neue Herausforderungen stellt, sorgt dafür, dass sich neue Verknüpfungen und Verbindungen zwischen den Nervenzellen bilden. Das passiert übrigens jederzeit: Das Gehirn nimmt ununterbrochen neue Informationen auf, verknüpft diese mit bereits bestehendem Wissen, ordnet Inhalte neu zu. Ältere Menschen, die sich konzentriert mit komplizierten Texten und Gedächtnisaufgaben (etwa Kreuzworträtsel, Schachspiel und so weiter) befassen, haben ein wesentlich geringeres Risiko, an Alzheimer zu erkranken, als Menschen, die geistig nicht so aktiv sind. Wichtig: Man sollte damit anfangen, solange man noch gesund ist!

Beruf und Soziale Kontakte

Kontakt und lebhafter Austausch mit anderen Menschen spielen eine sehr große Rolle bei der Vorbeugung vor dementiellen Syndromen. Ein Treffen mit Freunden und Bekannten, Knüpfung von neuen Kontakten halten geistig fit. Selbstbewusste Berufstätige, die sich Ziele setzen und eigene Strategien verfolgen, senken das Risiko erheblich.

Spaß am Leben

Indem man was Neues lernt, Neues ausprobiert stellt man eine Herausforderung an das Gehirn. Man sollte sich etwas suchen, was Freude und Spaß bereitet. Solche neuen Eindrücke können das Erlernen eines Instruments, Erlebnisse während einer Reise, ein Gang ins Museum oder das Lösen von Denkaufgaben sein. Es eignet sich alles, was dem Gehirn neue Eindrücke verschafft. Hauptsache man gibt seinem Kopf die Anregung, die er braucht. Dabei sollte man für ausreichend viel Schlaf sorgen.

Mit Ausnahme des Gehirntrainings sind die hier definierten Faktoren nur Nebeneffekte der gesellschaftlichen Entwicklung. Ihre Verbesserung beeinflusst eine erhebliche IQ-Steigerung der Bevölkerung. Mit mentalem Training kann man die eigene Intelligenz noch weit mehr steigern.

Beschreibung von Aufgaben

Hier werden die Aufgaben aus dem Trainingsprogramm in ihrer Reihenfolge an Beispielen erklärt. Dazu bekommen Sie nützliche Hinweise, was Ihnen eine erfolgreiche Bearbeitung ermöglicht. Es ist auf jeden Fall empfehlenswert, dieses Kapitel durchzuarbeiten.

Aufgaben 1 und 2	Satzergänzung

Was wird geprüft: sprachgebundenes und schlussfolgerndes Denken, das mit dem Grad der Aneignung und der Verfügbarkeit der Sprache zusammenhängt.

Der Schwerpunkt von diesen beiden Aufgaben liegt im sprachlichen Bereich. In der ersten Aufgabe müssen Sätze vervollständigt werden, in denen je ein Wort fehlt. Insgesamt gibt es fünf Antwortmöglichkeiten. Mit zunehmender Aufgabenzahl werden die Wörter, die man einsetzen kann, schwammiger, so dass man oft zwischen zwei Möglichkeiten schwankt.

Aufgabenstellung: Die Aufgaben bestehen aus Sätzen, bei denen jeweils ein Wort fehlt. Für jeden der Sätze werden Ihnen fünf Lösungsmöglichkeiten vorgeschlagen. Sie sollen ein Wort auswählen, welches den Satz richtig vervollständigt.

Beispiel 1:

... ist die beste Ernährung für ein Baby.

a) Milchpulver   b) Haferbrei   c) Saft   d) Muttermilch   e) Möhrenpüree

Lösung: d) Muttermilch

Beispiel 2:

Wo ein Wille ist, da ist auch ... ?

a) eine Chance   b) Hoffnung   c) ein Weg   d) eine Idee   e) eine Tür

Lösung: c) ein Weg

Was wird geprüft: räumliches Vorstellungsvermögen.

An diesen Aufgaben können Sie erkennen, ob Sie zweidimensional abgebildete Figuren vor Ihrem inneren Augen als Objekte im Raum drehen und spiegeln können. Aus einer Gruppe von Abbildungen soll diejenige Abbildung gefunden werden, die erst gespiegelt werden muss, bevor sie durch Drehung mit den anderen Abbildungen zur Deckungs-gleichheit gebracht werden kann.

Tipp: nutzen Sie Ihr visuelles Gedächtnis. Schließen Sie die Augen und konzentrieren Sie sich auf die Figur. Bewegen Sie diese in Gedanken.

Aus fünf vorgegebenen Figuren diejenige zu identifizieren, die sich durch Verschieben nicht mit den anderen vier zur Deckung bringen lässt. Diese Figur ist das Spiegelbild der jeweils anderen vier Figuren. Wenn man die folgenden drei Figuren verschiebt, kann man sie zur Deckung bringen, d.h. Genau übereinander legen, ohne dass etwas übersteht.

Abbildung 1   Abbildung 2

Zwei Figuren auf der Abbildung 1 lassen sich zur Deckung bringen. Eine Figur wurde ge-dreht. Dagegen lassen sich die zwei Figuren auf der Abbildung 2 nur dann zur Deckung bringen, wenn eine davon spiegelt oder umklappt.

Aufgabenstellung: Von den 5 Figuren kann man 4 durch Drehen übereinanderlegen. Bei einer Figur ist das nicht möglich. Finden Sie diese Figur her-aus.

Beispiel 1:

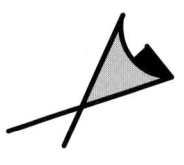
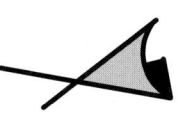

a   b   c   d   e

Lösung: e. Wenn man die Figuren a bis d dreht, kann man sie zur Deckung bringen, d.h. genau übereinander legen, ohne dass etwas übersteht. Die Figur e ist ein Spiegelbild der restlichen Figuren.

Beispiel 2:

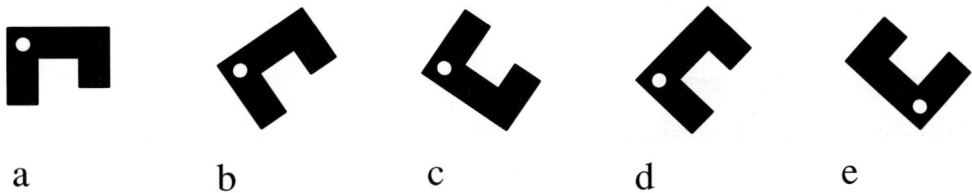

a   b   c   d   e

Lösung: c. Diese Figur ist das Spiegelbild der anderen.

Aufgaben 5 und 6	Tatsache-Meinung

Was wird geprüft: Allgemeinwissen

Tatsachen sind innere oder äußere Vorgänge und Zustände, die in der Gegenwart oder der Vergangenheit liegen und dem Beweis zugänglich sind. Wichtig ist, dass der Vorgang, um den es geht, nachweisbar bzw. überprüfbar ist.
Meinungen sind Äußerungen im Rahmen einer geistigen Auseinandersetzung, die Elemente der Stellungnahme und des Dafürhaltens enthalten. Darunter fallen vor allem Werturteile, d.h. Äußerungen, die dem Beweis nicht zugänglich sind.
Beide Begriffe sind exakt abgegrenzt, aber sie sind nicht immer einfach auseinanderzuhalten. In der Aufgabe geht es darum, Meinungen von Tatsachen zu unterscheiden.

Aufgabenstellung: Ist der Satz eine Tatsache oder eine Meinung?

Beispiel 1:

Starkes Übergewicht ist schädlich für die Gesundheit.

Lösung: Tatsache. Durch Übergewicht werden zahlreiche Organe stark belastet. Das innere Fett setzt Hormone und Botenstoffe frei, die dauerhafte Entzündungen bewirken und dadurch Herzkrankheiten, Diabetes und Thrombose begünstigen. Mit zunehmendem Bauchumfang steigt auch das Demenzrisiko – und zwar um 80 Prozent im Vergleich zu Normalgewichtigen. Übergewichtige sterben bis zu zehn Jahre früher.

Beispiel 2:

Riester-Rente ist die beste Vorsorge für den Ruhestand.

Lösung: Meinung. Es gibt Zweifel, ob sich die Riester-Rente rentiert. Die Altersarmut wird sie kaum mildern können, wenn wie geplant die gesetzliche Rente immer weiter gesenkt wird.

Aufgaben 7	Grafische Analogien

Was wird geprüft: Abstraktionsfähigkeit und die Fähigkeit, Beziehungsrelationen herzustellen.

In dieser Aufgabe werden Bilder ins Verhältnis gesetzt. Die Aufgabe besteht darin, aus den Lösungsvorschlägen das Bild zu wählen, das die Bildgleichung sinnvoll ergänzt. Auf der linken Seite stehen zwei Bilder im Zusammenhang. Diesen sollte man erkennen und schlussfolgernd das Bild zu wählen, das auf der rechten Seite der Gleichung im selben Verhältnis zum dritten vorgegebenen Bild steht. Welche Lösung vervollständigt die Bildgleichung?

Aufgabenstellung: In der oberen Reihe sind zwei Objektpaare vorhanden. Das erste Objektpaar ist nach einer bestimmten Regel aufgebaut. Diese Regel gilt auch für das zweite Objektpaar. In der unteren Reihe werden Ihnen fünf Figuren zur Auswahl angeboten. Sie sollten herausfinden, welche der fünf Figuren anstelle des Fragezeichens eingesetzt werden muss.

Beziehungstypen bei grafischen Analogien

Strategie	Erklärung
Drehung:	Figuren werden entweder im Uhrzeigersinn oder entgegen dem Uhrzeigersinn gedreht.
Spiegelbild:	Eine Hälfte der Figur wird entfernt und durch das Spiegelbild der vorhandenen Hälfte ersetzt.
Änderung der Reihenfolge von Elementen:	Mit Buchstaben: AAL verhält sich zu ALA wie BBQ zu BQB.
Skalierung:	Die Figuren unterscheiden sich in der Größe.
Addition und Subtraktion:	Zum Beispiel die Änderung der Striche, Punkte usw.
Farbgestaltung:	Die Schattierung wechselt sich ab.
Systematische Vorgehensweise:	Es wird auf Farbe, Größe, Winkel zwischen beiden Figuren geachtet.

Beispiel 1:

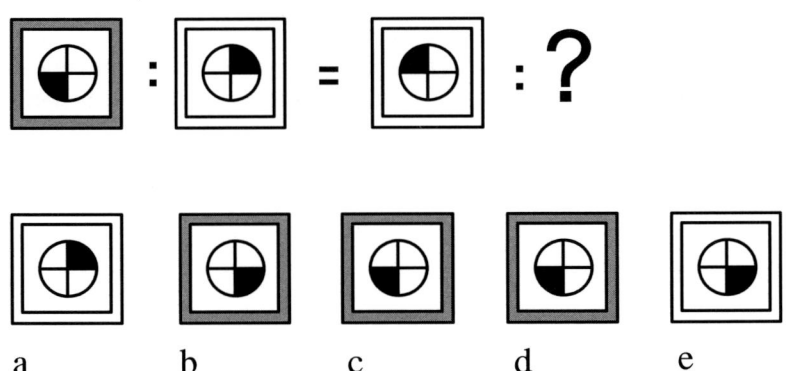

Lösung: b. Die Schattierung am äußeren Rand in der zweiten Figur ist nicht mehr vorhanden. Der innere schwarze Viertelkreis dreht sich um 180°.

Beispiel 2:

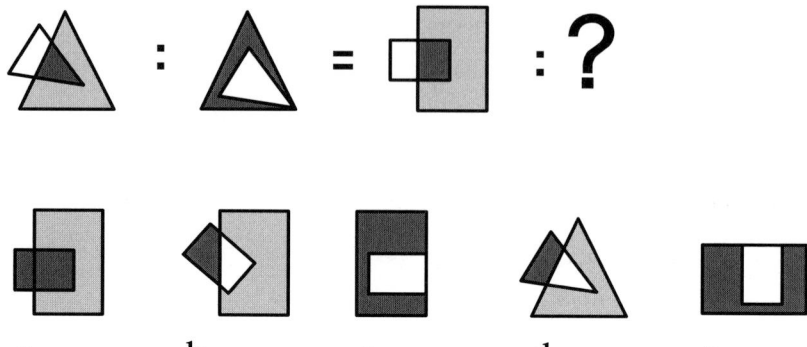

a   b   c   d   e

Lösung: c. Die kleine Figur bewegt sich in die große hinein. Die große Figur übernimmt danach die Farbe des gemeinsamen Durchschnitts.

Aufgaben 8	Eingekleidete Rechenaufgaben

Was wird geprüft: Zahlen gebundenes und induktiv schlussfolgerndes Denken, das mit der Verfügbarkeit des Zahlensystems und der Rechenfähigkeit zusammenhängt.

Bei diesem Untertest sollen Sie einfache numerische Operationen unter Verwendung der Grundrechenarten im Kopf durchführen und logische Beziehungen zwischen Zahlen erkennen. Notfalls dürfen Sie Stift und Papier zu Hilfe nehmen.

Aufgabenstellung: Lösen Sie die folgenden Rechenaufgaben.

Beispiel 1:

Ein Pkw verbraucht 12 Liter Benzin für eine Strecke von 200 km. Wie hoch ist der Verbrauch auf 100 km?

Lösung: 6 Liter. Für eine Strecke von 100 km (halbe Strecke) verbraucht man die Hälfte.

Beispiel 2:

Zwei Schwestern sind zusammen 19 Jahre alt. Die eine Schwester ist 3 Jahre älter als die andere. Wie alt ist sie?

Sehr geehrte Leserin, sehr geehrter Leser,

uns interessieren Ihre ganz persönliche Meinung sowie Ihre Interessengebiete. Beides ist für die zukünftige Arbeit unseres Verlages sehr wertvoll. Vorteil für Sie: Über entsprechende Neuerscheinungen werden Sie regelmäßig informiert. Sie erhalten unsere Bücher im Buchhandel oder direkt beim Verlag.

Diese Karte lag im Buch (bitte eintragen!):

Verlags-Bestell-Nr. _____

Aufmerksam wurde ich durch

- ○ Verlagsprospekt
- ○ Empfehlung meines Buchhändlers
- ○ Empfehlung eines/r Bekannten
- ○ Anzeige in einer Zeitschrift
- ○ Fortbildung beim Autor

- ○ Namen des Autors
- ○ Pressebesprechung
- ○ Internetrecherche allg.
- ○ Homepage d. Verlages
- ○ Geschenk

Mein Urteil:

Bitte informieren Sie mich über folgende Sachgebiete:

- ○ **Bewegtes Lernen / Psychomotorik**
- ○ **Diagnostik / Frühförderung / Kindergarten / Grundschule**
- ○ **Sonderpädagogik / Sozialpädagogik / Heilpädagogik**
- ○ **Ergotherapie / Neurologie**
- ○ **Sprachheilpädagogik / Sprachtherapie / Logopädie**
- ○ **Pädagogische Psychologie / Lernpsychologie**
- ○ **Systemische Therapie / Familientherapie / Verhaltenstherapie / Psychotherapie**
- ○ **Multimedia (Audio-CD, DVD)**
- ○ **E-Books**

Bitte Absender auf der Rückseite nicht vergessen!

Absender:

Name

Vorname

Beruf

Straße

PLZ/Ort

Bitte informieren Sie mich regelmäßig über Ihr Buchprogramm per E-Mail an (ich kann diese Verfügung jederzeit schriftlich widerrufen):

Porto zahlt
Empfänger

Antwort/
Postkarte

BORGMANN MEDIA
verlag modernes lernen
borgmann publishing

Schleefstraße 14

D - 44287 Dortmund

Lösung: 11 Jahre alt. Die Rechnung dazu: $(19 - 3) : 2 = 8$. Die jüngere Schwester ist 8 Jahre alt. Die ältere ist dementsprechend 11 Jahre alt: $8 + 3 = 11$.

Aufgaben 9	Gemeinsamkeiten in Figurenfolgen

Was wird geprüft: schlussfolgerndes Denken

Die Aufgabe besteht darin, die Gruppe von Figuren zu verstehen, Gemeinsamkeiten zu erkennen und die Figur zu finden, die nicht in die Gruppe passt.

Aufgabenstellung: Welche Figur passt jeweils nicht zu den anderen?

Beziehungstypen bei Figurenreihen

Strategie	Erklärung
Drehung:	Figuren werden entweder im Uhrzeigersinn oder gegen den Uhrzeigersinn gedreht.
Konstanz der Gestaltung:	Es wird auf Gemeinsamkeiten in den Figuren geachtet.
Spiegelbild:	Es wird entweder horizontal oder vertikal gespiegelt. Dabei teilt man Figuren optisch in zwei Hälften.
Addition von Grundlinien in einzelnen Symbolen:	Nach diesem Prinzip muss die Anzahl von Grundlinien in allen Symbolen gleich sein.
Gleiche Lage bzw. Anzahl von Elementen:	Die Figuren in der Gruppe sind gleich oder verschieden. Die Anzahl der inneren Symbole einer ganzen Figur oder in ihrer Hälfte unterscheidet sich.
Gleiche Gestaltung von inneren und Äußeren Symbolen:	Sollte eine Figur aus mehreren Symbolen bestehen, kann es sein, dass das innere und äußere Symbol in vier Figuren gleichartig sind.
Farbgestaltung von gemeinsamen Bereichen:	Eine Figur besteht aus mehreren Symbolen. Die gemeinsamen oder nicht gemeinsamen Bereiche, die von den Schnittpunkten gebildet werden, sind abgedunkelt oder schraffiert.

Beispiel 1:

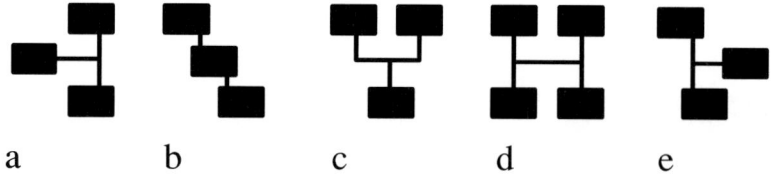

a   b   c   d   e

Lösung: d. Alle anderen Figuren beinhalten drei Rechtecke.

Beispiel 2:

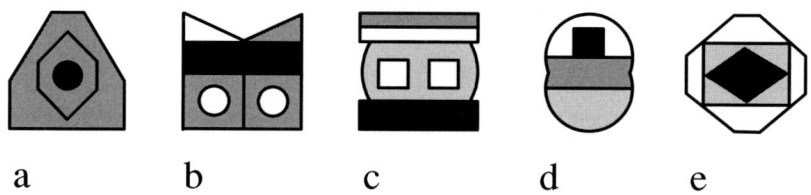

a   b   c   d   e

Lösung: b. Die linke Hälfte der Figur ist das Spiegelbild der rechten. Für die Figur b gilt das nicht.

Aufgaben 10	Gemeinsamkeiten in Wortgruppen

Was wird geprüft: Fähigkeit, Wortbedeutungen zu erfassen und diese zuordnen zu können.

Hier geht es um Ihre Sprachfantasie und Ihr Sprachgefühl. Die Aufgabe besteht darin, die Gruppe von Wörtern zu verstehen, Gemeinsamkeiten zu erkennen und das Wort zu finden, das nicht in die Gruppe passt.

Aufgabenstellung: Fünf Wörter werden Ihnen vorgegeben. Sie sollen herausfinden, welches Wort **nicht** in die Gruppe gehört.

Beispiel 1:

a) Freitag   b) Montag   c) Mittwoch   d) Dienstag   e) Samstag

Lösung: e) Samstag ist ein Wochenendtag. Die restlichen Tage sind Wochentage.

Beispiel 2:

a) Wodka   b) Cognac   c) Whisky   d) Wasser   e) Wein

Lösung: d) Wasser. Die anderen Getränke enthalten Alkohol.

Aufgaben 11	Schlussfolgerungen

Was wird geprüft: logisches Denken

Bei den Schlussfolgerungen geht es darum zu überprüfen, ob Schlussfolgerungen, die aufgrund bestimmter Behauptungen gezogen werden, formal richtig oder falsch sind. Die „reale Wirklichkeit" spielt dabei manchmal überhaupt keine Rolle, was die Sache erschwert.

Aufgabenstellung: Ziehen Sie aus den vorhandenen Informationen die richtige Schlussfolgerung.

Beispiel 1:

Gestern war Freitag. Welcher Tag wird übermorgen sein?

Lösung: Montag. Heute ist Samstag, da gestern Freitag war. Daraus folgt, dass übermorgen Montag sein wird.

Beispiel 2:

In der Bäckerei 1 sind die Schrippen teurer als in der Bäckerei 2. In der Bäckerei 3 sind sie billiger als in der Bäckerei 1, aber teurer als in der Bäckerei 2. Wo sind die Schrippen am billigsten?

Lösung: Bäckerei 2.

Aufgaben 12	Logische Reihen

Was wird geprüft: räumliche und visuelle Fähigkeiten, logisches Denken

Man muss Figuren in einer Reihenfolge ergänzen. Dabei ist es wichtig, die unterschiedlichen Merkmale der Figuren zu erkennen und identisch zu ordnen. Jeder Aufgabe liegt eine bestimme Regel zugrunde. Man versucht, den Unterschied von Bild zu Bild zu erkennen. Es können zum Beispiel Veränderungen der Lage, Anzahl, Form, Farbe, Größe einzelner oder mehrerer Elemente sein.

Aufgabenstellung: Die Figuren in der Reihe verändern sich nach einer bestimmten Regel. Ergänzen Sie die fehlende Figur.

Beziehungstypen bei logischen Reihen

Strategie	Erklärung
Drehung:	Die Figur wird im Uhrzeigersinn oder entgegen dem Uhrzeigersinn gedreht.
Spiegelung:	Die Figur wird gespiegelt.
Addition und Subtraktion:	Manchmal führt zur Lösung ein Versuch, zwei oder mehrere Figuren zusammenzufügen oder voneinander abzuziehen. Es handelt sich in diesem Fall um eine Addition oder Subtraktion.
Vervollständigung der Figuren:	Im nächsten Bild kommt ein neues Element hinzu. Die Vervollständigung kann entweder waagerecht/senkrecht oder im Uhrzeigersinn/entgegen dem Uhrzeigersinn erfolgen.
Fortbewegung der Symbole:	Die Symbole bewegen sich bei jedem Schritt um einen Platz, z.B. von links nach rechts oder von unten nach oben. Die Bewegung erfolgt in der Regel abwechselnd.
Eliminierung:	Ein Teil der Figur wird jeweils herausgenommen.
Neigung:	Ein Teil der Figur knickt mit jedem Schritt in eine bestimmte Richtung.
Systematische Vorgehensweise:	Es wird nach einer Logik gesucht, der die Reihe unterliegt.
Ausschlussverfahren:	Die einzig mögliche Lösung entsteht dadurch, dass man alle anderen Alternativen ausschließt.

Beispiel 1:

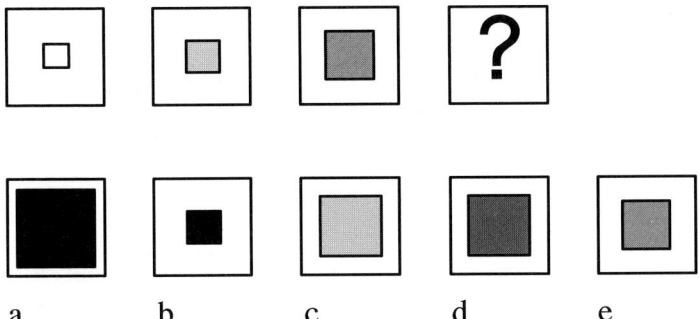

a   b   c   d   e

Lösung: d. Das Quadrat wird jeweils größer und dunkler.

Beispiel 2:

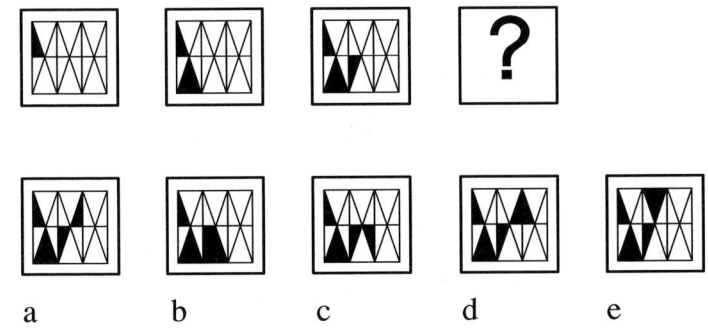

a   b   c   d   e

Lösung: e. In gegenüberliegenden Bereichen werden abwechselnd ein halbes und ein ganzes Dreieck abgedunkelt.

Aufgaben 13 und 14	Gemeinsamkeiten

Was wird geprüft: Abstraktionsfähigkeit und die Fähigkeit, Beziehungsrelationen herzustellen

Man sucht in Auswahlverfahren nach zwei Wörtern, die etwas gemeinsam haben. Es handelt sich dabei um einen gemeinsamen Oberbegriff, den wirklich nur diese zwei Wörter teilen.

Aufgabenstellung: Fünf Wörter werden Ihnen vorgegeben. Sie sollen **die beiden Wörter** herausfinden, für die es einen gemeinsamen Oberbegriff gibt. Versuchen Sie immer die wesentliche Gemeinsamkeit zu finden.

Beispiel 1:

a) Haus   b) Bunker   c) Iglu   d) Keller   e) Palast

Lösung: b) und d). Bunker und Keller sind unterirdische Bauten. Haus, Jurte und Palast sind oberirdisch.

Beispiel 2:

a) Lila   b) Gelb   c) geblümt   d) Rot   e) gepunktet

Lösung: c) und e). Geblümt und gepunktet sind die Bezeichnungen für ein Muster. Die anderen Begriffe sind Farben.

Zusatzaufgaben im Aufgabenpool

	Sprachanalogien

Was wird geprüft: logisches Denken und Abstraktionsvermögen

In dieser Aufgabe sucht man Beziehungen zwischen Wörtern nach dem Schema: „A verhält sich zu B wie C zu D." A, B und C sind gegeben, D muss man aus einer Reihe von Wörtern wählen. Es handelt sich also um eine Wortgleichung. Die Aufgabe ist, den Zusammenhang zwischen den beiden ersten Wörtern zu erkennen und so anzuwenden, dass Wort C auf der anderen Gleichungsseite mit einem der möglichen Lösungswörter diesen Zusammenhang ebenfalls erfüllt.

Aufgabenstellung: Es sind zwei Wörter in einem Wortpaar vorgegeben, zwischen denen eine gewisse Beziehung besteht. Suchen Sie aus den fünf vorgeschlagenen Wörtern dasjenige heraus, das zum dritten Wort eine möglichst ähnliche Beziehung aufweist.

Beziehungstypen bei Sprachanalogien

Synonyme:	Ende zu Trennung wie Freude zu Erfolg.
Antonyme:	Lang zu kurz wie schwarz zu weiß.
Teil zum Ganzen:	Regen zu Tropfen wie Schnee zu Flocke.
Grad der Intensität:	Laufen zu Rennen wie Nieseln zu Regnen.
Zugehöriges Verb der Bewegung:	Zug zu fahren wie Flugzeug zu fliegen.
Rohstoff-Produkt	Weizen zu Brot wie Leder zu Schuhe.
Oberbegriff-Unterbegriff:	Gemüse zu Gurke wie Obst zu Apfel.
Messung:	Meter zu Abstand wie Pfund zu Gewicht.
Funktion eines Werkzeugs:	Hammer zu Schlag wie Pinsel zu Strich.
Objekt nach seinem Gebrauch:	Schere zu Papier wie Portemonnaie zu Geld.
Person und Objekt, das sie schafft:	Richter zu Urteil wie Schriftsteller zu Buch.
Person und wonach sie sucht:	Wissenschaftler zu Ideen wie Geologe zu Öl.
Person und was sie vermeidet:	Pilot zu Absturz wie Student zu Scheitern.
Person und benutztes Werkzeug:	Archäologe zu Schaufel wie Chirurg zu Skalpell.
Wirkung und Ursache:	Fahrlässigkeit zu Unfall wie Arbeitslosigkeit zu Armut.
Mathematische Beziehung:	Fünf zu fünfzehn wie vier zu zwölf.
Klassifizierung und Art:	Note zu befriedigend wie Farbe zu Blau.
Maskulin und feminin:	Junge zu Mädchen wie Mann zu Frau.
Alter:	Kind zu Jugendlichem wie Jugendlicher zu Erwachsenem.

Beispiel 1:

Ziege zu Milch wie Henne zu ?

a) Horn   b) Küken   c) Ei   d) Bauernhof   e) Futter

Lösung: c) Ei. Eine Ziege gibt Milch und eine Henne legt Eier.

Beispiel 2:

Frankreich zu Europa wie China zu ?

a) Afrika   b) Korea   c) Land   d) Asien   e) Chinesen

Lösung: d) Asien. Frankreich liegt in Europa und China in Asien.

Einige Hinweise zur Durchführung vom Übungsprogramm

- Lösen Sie nur dann die Aufgaben, wenn sie sich in jeder Hinsicht fit fühlen. Müdigkeit oder ein schlechter Gesundheitszustand können das Ergebnis verfälschen.

- Legen Sie das Arbeitsmaterial (gegebenenfalls Stift und Papier) vorher zurecht. Sie sollen während des Tests nicht gestört werden, da jede Ablenkung das Ergebnis verfälscht.

- Die Bearbeitungszeit ist individuell. Ein Aufgabenblock wird in der Regel innerhalb von 10 Minuten gelöst. Anfangs werden Sie wahrscheinlich etwas länger brauchen. Setzen Sie sich bitte dadurch auf keinen Fall unter Druck! Da alle Aufgabenblocks die gleiche Struktur haben, wird sich bei Ihnen durch Übung eine gewisse Geschicklichkeit entwickeln. So vermeiden Sie unnötigen Zeitaufwand und Fehler. Bei einem Aufgabenblock sind keine Pausen vorgesehen.

- Es ist empfehlenswert, sich zu Beginn mit Erklärungen und Beispielen von Aufgaben vertraut machen, die im Kapitel „Beschreibung von Aufgaben aus dem Übungsprogramm" zusammengestellt sind.

- Stecken Sie Ihre Erwartungen nicht zu hoch. Fehler sind erlaubt. Auf diese Weise behält man die Neugier und erkennt sogar, dass Fehler nicht unbedingt negativ sind. Aus Fehlern lernt man manchmal mehr.

- Jede richtig gelöste Aufgabe wird mit einem Punkt bewertet. Die Punkte für jeden Aufgabenblock werden zusammengezählt und in das Formular (am Anfang von jedem Aufgabenblock) eingetragen. Ebenso protokolliert man nach Wunsch die Zeit, die man zum Lösen benötigte. Die für jeden Aufgabenblock erzielten Punkte kann man mittels Punkte-Profil (s. S. 119) grafisch auswerten.

- Sollte Ihnen die eine oder andere Aufgabe schwerfallen, dürfen Sie diese durch eine andere aus dem Aufgabenpool ersetzen. Jede richtig gelöste Aufgabe aus dem Aufgabenpool wird ebenso mit einem Punkt bewertet.

- Dieses Übungsprogramm ist für 30 Tage geplant. Sollten Sie es nicht zur Unterhaltung verwenden, versuchen Sie bitte, keine langen Pausen zwischen dem Lösen von kompletten Aufgabenblocks einzulegen. Ein bis zwei Tage Pause ab und zu sind optimal.

Übungsprogramm

Aufgabenblock 1		1	2	3	4	5	6	7
		8	9	10	11	12	13	14
		15	16	17	18	19	20	21
	Gelöst in: _____ Minuten	22	23	24	25	26	27	28
Datum: _____	Punkte: _____ von 14	29	30					

Die Aufgaben bestehen aus Sätzen, bei denen jeweils ein Wort fehlt. Für jeden der Sätze werden Ihnen fünf Lösungsmöglichkeiten vorgeschlagen. Sie sollen ein Wort auswählen, welches den Satz richtig vervollständigt.

1.) Reden ist Silber, Schweigen ist ... ?
a) Verzicht   b) Gold   c) Verzweiflung   d) Ermutigung   e) Freude

2.) Ein Leopard hat Ähnlichkeit mit ... ?
a) einem Pferd   b) einem Kaninchen   c) einem Hund   d) einer Katze   e) einem Wildschwein

Suchen Sie bei den folgenden Aufgaben immer diejenige Figur heraus, die nur durch Spiegeln/Umklappen mit den anderen zur Deckung gebracht werden kann.

3.)

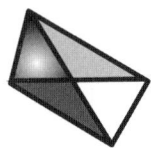 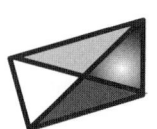 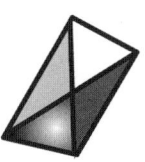 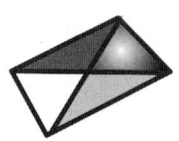 

a   b   c   d   e

4.)

  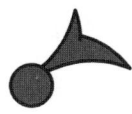  

a   b   c   d   e

29

Ist der Satz eine Tatsache oder eine Meinung?

5.) Männer, die kochen können, sind die besseren Partner.

6.) Gartenarbeit tut der Psyche und dem Körper gut.

In der oberen Reihe sind zwei Objektpaare vorhanden. Das erste Objektpaar ist nach einer bestimmten Regel aufgebaut. Diese Regel gilt auch für das zweite Objektpaar. In der unteren Reihe werden Ihnen fünf Figuren zur Auswahl angeboten. Sie sollten herausfinden, welche der fünf Figuren anstelle des Fragezeichens eingesetzt werden muss.

7.)

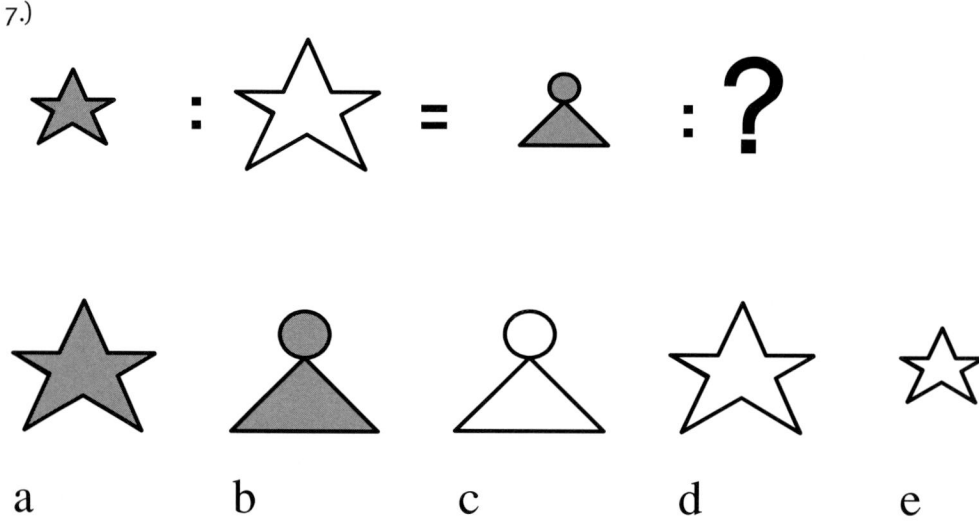

a   b   c   d   e

Lösen Sie die folgende Rechenaufgabe.

8.) Wenn man um 21 Uhr ins Bett geht und um 6 Uhr aufsteht, wie viele Stunden hat man dann geschlafen?

Welche Figur passt jeweils nicht zu den anderen?

9.)

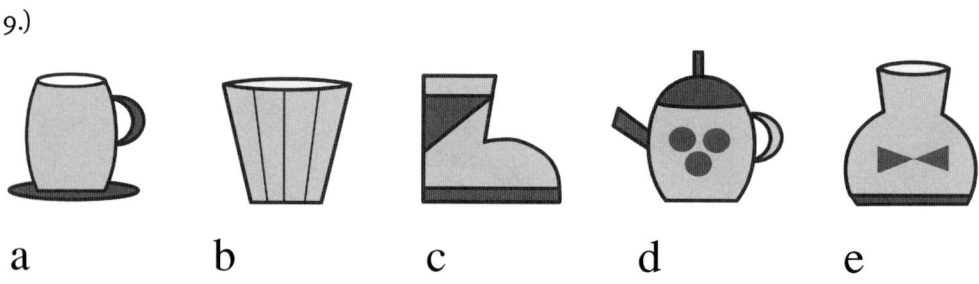

a   b   c   d   e

Fünf Wörter werden Ihnen vorgegeben. Sie sollen herausfinden, welches Wort nicht in die Gruppe gehört.

10.)
a) Sommer   b) Herbst   c) April   d) Winter   e) Frühling

Nehmen Sie an, die ersten Sätze sind wahr. Ist dann die jeweilige Schlussfolgerung richtig oder falsch?

11.) Alle Bäume haben Äste. Alle Äste haben Blätter. Deshalb haben alle Bäume Blätter.

Welche Figur a bis e passt als Einzige in das freie Kästchen mit dem Fragezeichen und ergänzt die anderen logisch?

12.)

a   b   c   d   e

Fünf Wörter werden Ihnen vorgegeben. Sie sollen die beiden Wörter herausfinden, für die es einen gemeinsamen Oberbegriff gibt. Versuchen Sie immer die wesentliche Gemeinsamkeit zu finden.

13.)
a) Wurst   b) Saft   c) Gurke   d) Wasser   e) Marmelade

14.)
a) Schuhe   b) Regenschirm   c) Auto   d) Sakko   e) Papier

Aufgabenblock 2		1	2	3	4	5	6	7
		8	9	10	11	12	13	14
		15	16	17	18	19	20	21
	Gelöst in: ____ Minuten	22	23	24	25	26	27	28
Datum: _____	Punkte: _____ von 14	29	30					

Die Aufgaben bestehen aus Sätzen, bei denen jeweils ein Wort fehlt. Für jeden der Sätze werden Ihnen fünf Lösungsmöglichkeiten vorgeschlagen. Sie sollen ein Wort auswählen, welches den Satz richtig vervollständigt.

1.) Die älteste Uhr der Welt ist eine ... .
a) Sanduhr   b) astronomische Uhr   c) Sonnenuhr   d) Türmeruhr   e) Räderuhr

2.) Ein Gegenteil von zuverlässig ist ...?
a) gründlich   b) hartnäckig   c) schlampig   d) ehrlich   e) streng

Suchen Sie bei den folgenden Aufgaben immer diejenige Figur heraus, die nur durch Spiegeln/Umklappen mit den anderen zur Deckung gebracht werden kann.

3.)

            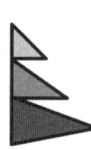

a   b   c   d   e

4.)

a   b   c   d   e

Ist der Satz eine Tatsache oder eine Meinung?

5.) Großeltern ergänzen und bereichern das Familienleben.

6.) Laubbäume verlieren im Herbst ihre Blätter, Tannenbäume aber nicht ihre Nadeln.

In der oberen Reihe sind zwei Objektpaare vorhanden. Das erste Objektpaar ist nach einer bestimmten Regel aufgebaut. Diese Regel gilt auch für das zweite Objektpaar. In der unteren Reihe werden Ihnen fünf Figuren zur Auswahl angeboten. Sie sollten herausfinden, welche der fünf Figuren anstelle des Fragezeichens eingesetzt werden muss.

7.)

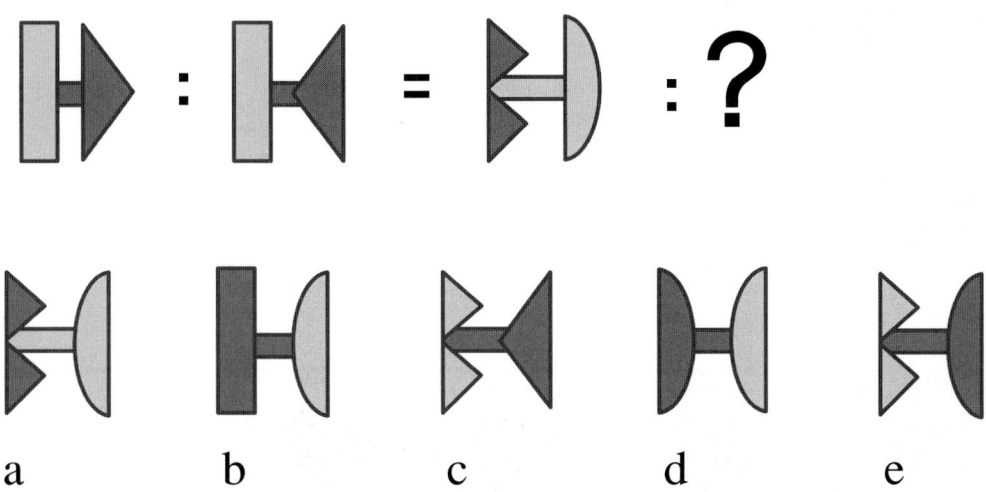

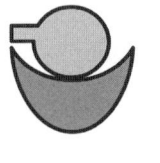   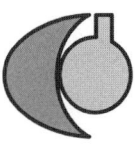         

a   b   c   d   e

Lösen Sie die folgende Rechenaufgabe.

8.) Ein Mensch hat 10 Zehen an seinen Füßen. Wie viel Zehen haben 6 Füße?

Welche Figur passt jeweils nicht zu den anderen?

9.)

a   b   c   d   e

Fünf Wörter werden Ihnen vorgegeben. Sie sollen herausfinden, welches Wort nicht in die Gruppe gehört.

10.)
a) Hemd   b) Rucksack   c) Pullover   d) Kleid   e) Hose

Nehmen Sie an, die ersten Sätze sind wahr. Ist dann die jeweilige Schlussfolgerung richtig oder falsch?

11.) Einige Pflanzen sind Tulpen. Einige Tulpen sind rot. Also Pflanzen, die nicht rot sind, können auch Tulpen sein.

Welche Figur a bis e passt als Einzige in das freie Kästchen mit dem Fragezeichen und ergänzt die anderen logisch?

12.)

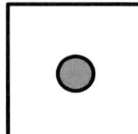 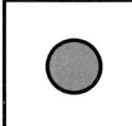 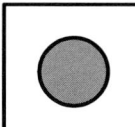 

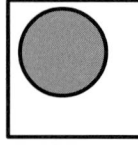 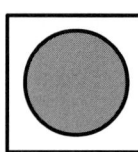 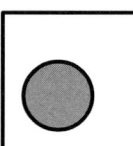 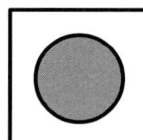 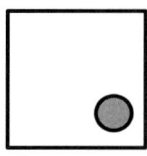

a   b   c   d   e

Fünf Wörter werden Ihnen vorgegeben. Sie sollen die beiden Wörter herausfinden, für die es einen gemeinsamen Oberbegriff gibt. Versuchen Sie immer die wesentliche Gemeinsamkeit zu finden.

13.)
a) Zwiebel   b) Möhre   c) Himbeere   d) Apfel   e) Tomate

14.)
a) Elch   b) Hund   c) Krokodil   d) Katze   e) Adler

Aufgabenblock 3		1	2	3	4	5	6	7
		8	9	10	11	12	13	14
		15	16	17	18	19	20	21
	Gelöst in: _____ Minuten	22	23	24	25	26	27	28
Datum: _____	Punkte: _____ von 14	29	30					

Die Aufgaben bestehen aus Sätzen, bei denen jeweils ein Wort fehlt. Für jeden der Sätze werden Ihnen fünf Lösungsmöglichkeiten vorgeschlagen. Sie sollen ein Wort auswählen, welches den Satz richtig vervollständigt.

1.) Der höchste Berg Deutschlands heißt … .
a) Alpspitze   b) Mount Everest   c) Himalaya   d) Mont Blanc   e) Zugspitze

2.) Fleischersatz wird aus … gemacht.
a) Kichererbsen   b) Kidneybohnen   c) Sojabohnen   d) Linsen   e) grünen Bohnen

Suchen Sie bei den folgenden Aufgaben immer diejenige Figur heraus, die nur durch Spiegeln/Umklappen mit den anderen zur Deckung gebracht werden kann.

3.)

    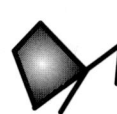

a   b   c   d   e

4.)

a   b   c   d   e

Ist der Satz eine Tatsache oder eine Meinung?

5.) Mit Fleiß kann man alles erreichen.

6.) Frauen mögen lieber Katzen als Hunde.

In der oberen Reihe sind zwei Objektpaare vorhanden. Das erste Objektpaar ist nach einer bestimmten Regel aufgebaut. Diese Regel gilt auch für das zweite Objektpaar. In der unteren Reihe werden Ihnen fünf Figuren zur Auswahl angeboten. Sie sollten herausfinden, welche der fünf Figuren anstelle des Fragezeichens eingesetzt werden muss.

7.)

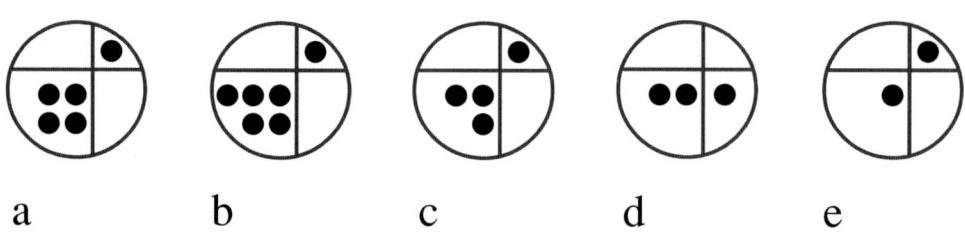

a   b   c   d   e

Lösen Sie die folgende Rechenaufgabe.

8.) Oma Else hat drei Enkelkinder. In einer Eisdiele kauft sie 7 Kugeln Eis. Sie teilt das Eis gerecht unter ihren Enkelkindern und den Rest isst sie selber auf. Wie viele Kugeln Eis bleiben für die Oma übrig?

Welche Figur passt jeweils nicht zu den anderen?

9.)

a   b   c   d   e

Fünf Wörter werden Ihnen vorgegeben. Sie sollen herausfinden, welches Wort nicht in die Gruppe gehört.

10.)
a) Eisen   b) Zink   c) Kupfer   d) Platin   e) Aluminium

Nehmen Sie an, die ersten Sätze sind wahr. Ist dann die jeweilige Schlussfolgerung richtig oder falsch?

11.) Alle Babys sind niedlich. Einige Babys sind dunkelhäutig. Deshalb sind alle dunkelhäutige Babys niedlich.

Welche Figur a bis e passt als Einzige in das freie Kästchen mit dem Fragezeichen und ergänzt die anderen logisch?

12.)

 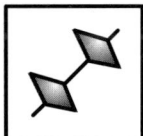 

 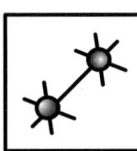 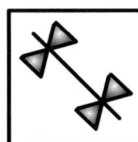 

a   b   c   d   e

Fünf Wörter werden Ihnen vorgegeben. Sie sollen die beiden Wörter herausfinden, für die es einen gemeinsamen Oberbegriff gibt. Versuchen Sie immer die wesentliche Gemeinsamkeit zu finden.

13.)
a) Berg   b) Wiese   c) Brücke   d) Tunnel   e) Teich

14.)
a) Libelle   b) Krebs   c) Schmetterling   d) Wellensittich   e) Pferd

Aufgabenblock 4			1	2	3	4	5	6	7
			8	9	10	11	12	13	14
			15	16	17	18	19	20	21
	Gelöst in: ____ Minuten		22	23	24	25	26	27	28
Datum: _____	Punkte: _____ von 14		29	30					

Die Aufgaben bestehen aus Sätzen, bei denen jeweils ein Wort fehlt. Für jeden der Sätze werden Ihnen fünf Lösungsmöglichkeiten vorgeschlagen. Sie sollen ein Wort auswählen, welches den Satz richtig vervollständigt.

1.) Um einkaufen zu gehen, braucht man vor allem ... .
a) Zeit   b) leeren Kühlschrank   c) Einkaufstasche   d) Geld   e) Geduld

2.) Man erkennt mit bloßem Auge ..., dass die Erde nicht flach ist.
a) an Mond-   b) anhand einer   c) mit einem   d) an der Distanz   e) am Horizont
   phasen   Sternkarte   Kompass   Erde-Sonne

Suchen Sie bei den folgenden Aufgaben immer diejenige Figur heraus, die nur durch Spiegeln/Umklappen mit den anderen zur Deckung gebracht werden kann.

3.)

a   b   c   d   e

4.)

 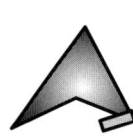  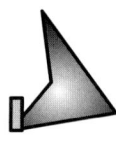 

a   b   c   d   e

Ist der Satz eine Tatsache oder eine Meinung?

5.) Lehrer ist ein begehrenswerter Beruf.

6.) Giftige Pilze erkennt man am Geruch.

In der oberen Reihe sind zwei Objektpaare vorhanden. Das erste Objektpaar ist nach einer bestimmten Regel aufgebaut. Diese Regel gilt auch für das zweite Objektpaar. In der unteren Reihe werden Ihnen fünf Figuren zur Auswahl angeboten. Sie sollten herausfinden, welche der fünf Figuren anstelle des Fragezeichens eingesetzt werden muss.

7.)

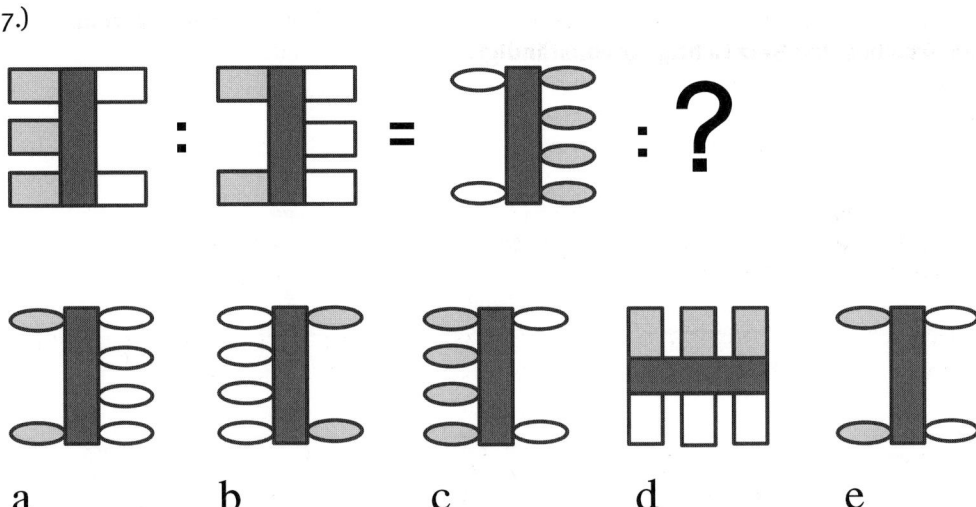

Lösen Sie die folgende Rechenaufgabe.

8.) Ein Bauer hat 14 braune und weiße Hühner. Alle Hühner bis auf 5 sind braun. Wie viele Hühner sind weiß?

Welche Figur passt jeweils nicht zu den anderen?

9.)

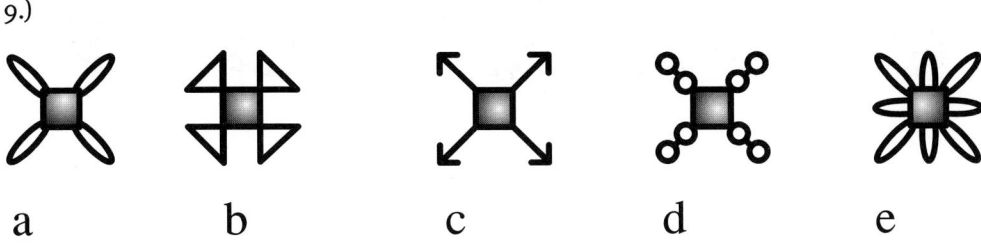

Fünf Wörter werden Ihnen vorgegeben. Sie sollen herausfinden, welches Wort nicht in die Gruppe gehört.

10.)
a) Mai   b) Montag   c) Freitag   d) Mittwoch   e) Dienstag

Nehmen Sie an, die ersten Sätze sind wahr. Ist dann die jeweilige Schlussfolgerung richtig oder falsch?

11.) Max hat zwei gleichen Hosen. Eine Hose ist schwarz. Also er hat zwei schwarze Hosen.

Welche Figur a bis e passt als Einzige in das freie Kästchen mit dem Fragezeichen und ergänzt die anderen logisch?

12.)

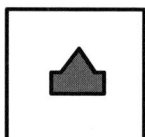 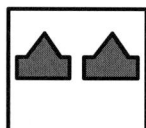 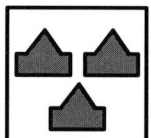 

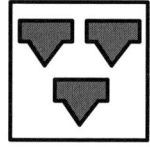   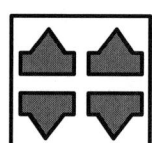 

a   b   c   d   e

Fünf Wörter werden Ihnen vorgegeben. Sie sollen die beiden Wörter herausfinden, für die es einen gemeinsamen Oberbegriff gibt. Versuchen Sie immer die wesentliche Gemeinsamkeit zu finden.

13.)
a) Schokolade   b) Fisch   c) Gurke   d) Pudding   e) Kiwi

14.)
a) Erdöl   b) Gas   c) Eisen   d) Kupfer   e) Aluminium

Aufgabenblock 5		1	2	3	4	5	6	7
		8	9	10	11	12	13	14
		15	16	17	18	19	20	21
	Gelöst in: ____ Minuten	22	23	24	25	26	27	28
Datum: _____	Punkte: _____ von 14	29	30					

Die Aufgaben bestehen aus Sätzen, bei denen jeweils ein Wort fehlt. Für jeden der Sätze werden Ihnen fünf Lösungsmöglichkeiten vorgeschlagen. Sie sollen ein Wort auswählen, welches den Satz richtig vervollständigt.

1.) Das berühmte Kolosseum steht in ... .
a) Zürich   b) Mumbai   c) Helsinki   d) Rom   e) Warschau

2.) Ein Gegenteil von Freude ist ...?
a) Vergnügen   b) Trauer   c) Misserfolg   d) Frieden   e) Scheitern

Suchen Sie bei den folgenden Aufgaben immer diejenige Figur heraus, die nur durch Spiegeln/Umklappen mit den anderen zur Deckung gebracht werden kann.

3.)

a   b   c   d   e

4.)

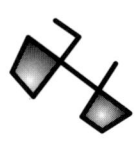         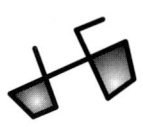   

a   b   c   d   e

Ist der Satz eine Tatsache oder eine Meinung?

5.) Familienleben ist sehr anstrengend.

6.) Vorbeugen ist besser als heilen.

In der oberen Reihe sind zwei Objektpaare vorhanden. Das erste Objektpaar ist nach einer bestimmten Regel aufgebaut. Diese Regel gilt auch für das zweite Objektpaar. In der unteren Reihe werden Ihnen fünf Figuren zur Auswahl angeboten. Sie sollten herausfinden, welche der fünf Figuren anstelle des Fragezeichens eingesetzt werden muss.

7.)

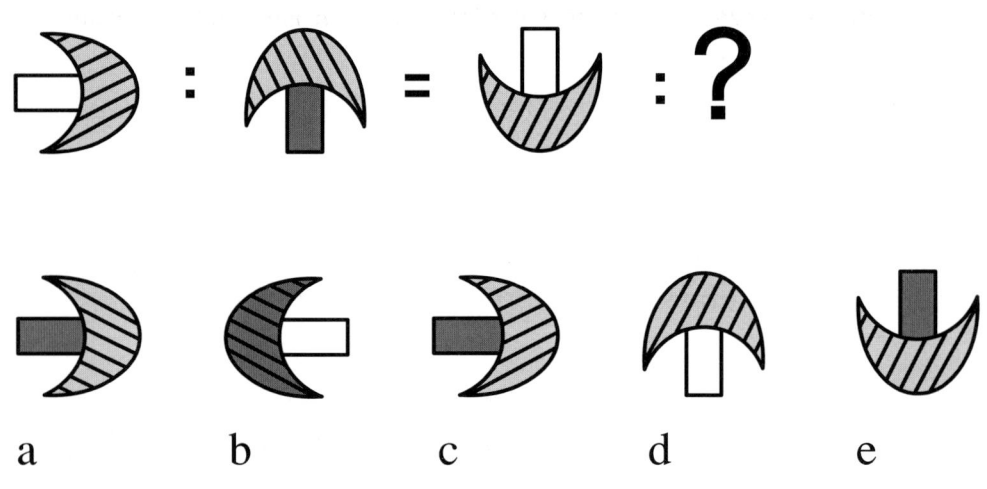

a   b   c   d   e

Lösen Sie die folgende Rechenaufgabe.

8.) Ein Angestellter verdient an einem Tag 80 Euro. Wie viel verdient er an einem halben Tag?

Welche Figur passt jeweils nicht zu den anderen?

9.)

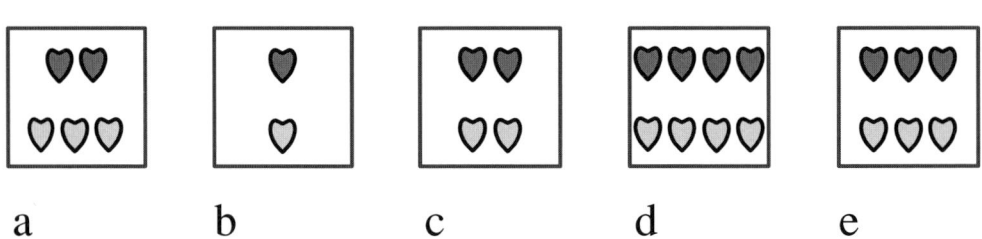

a   b   c   d   e

Fünf Wörter werden Ihnen vorgegeben. Sie sollen herausfinden, welches Wort nicht in die Gruppe gehört.

10.)
a) Bär   b) Kuh   c) Wildschwein   d) Tiger   e) Wolf

Nehmen Sie an, die ersten Sätze sind wahr. Ist dann die jeweilige Schlussfolgerung richtig oder falsch?

11.) Manches Gemüse wächst unter der Erde. Rosenkohl wächst über der Erde. Deshalb ist Rosenkohl kein Gemüse.

Welche Figur a bis e passt als Einzige in das freie Kästchen mit dem Fragezeichen und ergänzt die anderen logisch?

12.)

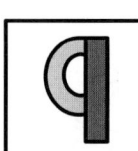 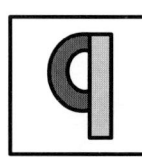  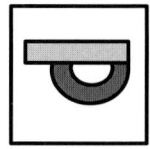

a   b   c   d   e

Fünf Wörter werden Ihnen vorgegeben. Sie sollen die beiden Wörter herausfinden, für die es einen gemeinsamen Oberbegriff gibt. Versuchen Sie immer die wesentliche Gemeinsamkeit zu finden.

13.)
a) Limonade   b) Cola   c) Saft   d) Sekt   e) Bier

14.)
a) Schulter   b) Finger   c) Herz   d) Kopf   e) Zeh

Aufgabenblock 6		1	2	3	4	5	6	7
		8	9	10	11	12	13	14
		15	16	17	18	19	20	21
	Gelöst in: _____ Minuten	22	23	24	25	26	27	28
Datum: _____	Punkte: _____ von 14	29	30					

Die Aufgaben bestehen aus Sätzen, bei denen jeweils ein Wort fehlt. Für jeden der Sätze werden Ihnen fünf Lösungsmöglichkeiten vorgeschlagen. Sie sollen ein Wort auswählen, welches den Satz richtig vervollständigt.

1.) Übung macht … ?
a) Training   b) den Meister   c) Freude   d) schlau   e) Mühe

2.) Ein hoher Gemüse- und Obstverzehr fördert … ?
a) die Gesundheit   b) gute Laune   c) mehr Energie   d) Appetit   e) gesunden Schlaf

Suchen Sie bei den folgenden Aufgaben immer diejenige Figur heraus, die nur durch Spiegeln/Umklappen mit den anderen zur Deckung gebracht werden kann.

3.)

a   b   c   d   e

4.)

a   b   c   d   e

Ist der Satz eine Tatsache oder eine Meinung?

5.) Der weibliche Testosteronspiegel ist niedriger als der männliche.

6.) Jedem fällt es schwer, sich konsequent und regelmäßig sportlich zu betätigen.

In der oberen Reihe sind zwei Objektpaare vorhanden. Das erste Objektpaar ist nach einer bestimmten Regel aufgebaut. Diese Regel gilt auch für das zweite Objektpaar. In der unteren Reihe werden Ihnen fünf Figuren zur Auswahl angeboten. Sie sollten herausfinden, welche der fünf Figuren anstelle des Fragezeichens eingesetzt werden muss.

7.)

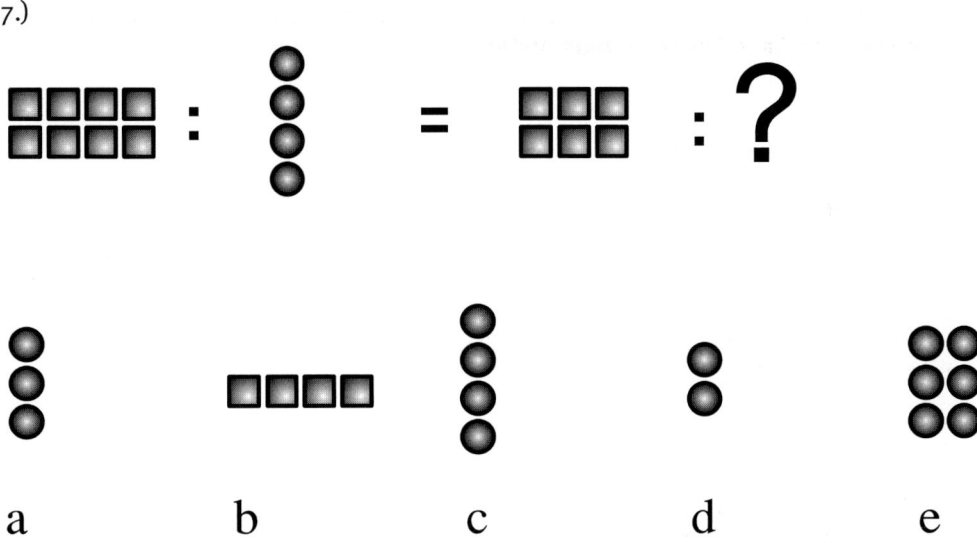

a   b   c   d   e

Lösen Sie die folgende Rechenaufgabe.

8.) Bei einem Marathon überholt ein Läufer den vierten. An welcher Position befindet er sich jetzt?

Welche Figur passt jeweils nicht zu den anderen?

9.)

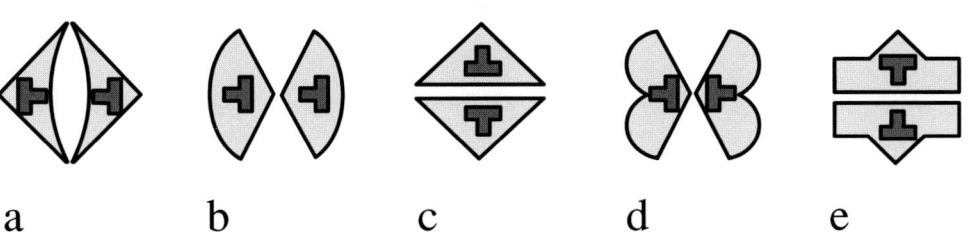

a   b   c   d   e

Fünf Wörter werden Ihnen vorgegeben. Sie sollen herausfinden, welches Wort nicht in die Gruppe gehört.

10.)
a) Kartenspiel   b) Memory   c) Schach   d) Tennis   e) Damespiel

Nehmen Sie an, die ersten Sätze sind wahr. Ist dann die jeweilige Schlussfolgerung richtig oder falsch?

11.) Kinder mögen Spagetti. Erwachsene essen Spagetti auch gern. Also diejenige, die gern Spagetti essen, sind Erwachsene, aber keine Kinder.

Welche Figur a bis e passt als Einzige in das freie Kästchen mit dem Fragezeichen und ergänzt die anderen logisch?

12.)

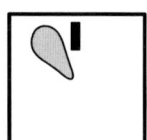 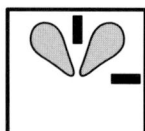 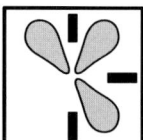 **?**

      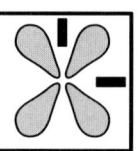   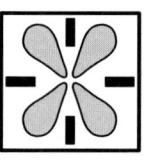

a   b   c   d   e

Fünf Wörter werden Ihnen vorgegeben. Sie sollen die beiden Wörter herausfinden, für die es einen gemeinsamen Oberbegriff gibt. Versuchen Sie immer die wesentliche Gemeinsamkeit zu finden.

13.)
a) Buttermilch   b) Wasser   c) Tee   d) Cola   e) Kaffee

14.)
a) Wassertropfen   b) Papierflieger   c) Büroklammer   d) Vogelfeder   e) Nadel

Aufgabenblock 7		1	2	3	4	5	6	7
		8	9	10	11	12	13	14
		15	16	17	18	19	20	21
	Gelöst in: ____ Minuten	22	23	24	25	26	27	28
Datum: _____	Punkte: _____ von 14	29	30					

Die Aufgaben bestehen aus Sätzen, bei denen jeweils ein Wort fehlt. Für jeden der Sätze werden Ihnen fünf Lösungsmöglichkeiten vorgeschlagen. Sie sollen ein Wort auswählen, welches den Satz richtig vervollständigt.

1.) Wenn ein Himmelsobjekt vor einem anderen tritt und es dabei verdeckt, spricht man von ... .

a) einer Finsternis   b) einem Schatten   c) einem Neumond   d) einem Sternzeichen   e) einem Horoskop

2.) ... ist die verbreitetste Religion.
a) Scientology   b) Islam   c) Buddhismus   d) Hinduismus   e) Christentum

Suchen Sie bei den folgenden Aufgaben immer diejenige Figur heraus, die nur durch Spiegeln/Umklappen mit den anderen zur Deckung gebracht werden kann.

3.)

a   b   c   d   e

4.)

a   b   c   d   e

Ist der Satz eine Tatsache oder eine Meinung?

5.) Frühling ist die schönste Jahreszeit.

6.) Manche Menschen haben Höhenangst.

In der oberen Reihe sind zwei Objektpaare vorhanden. Das erste Objektpaar ist nach einer bestimmten Regel aufgebaut. Diese Regel gilt auch für das zweite Objektpaar. In der unteren Reihe werden Ihnen fünf Figuren zur Auswahl angeboten. Sie sollten herausfinden, welche der fünf Figuren anstelle des Fragezeichens eingesetzt werden muss.

7.)

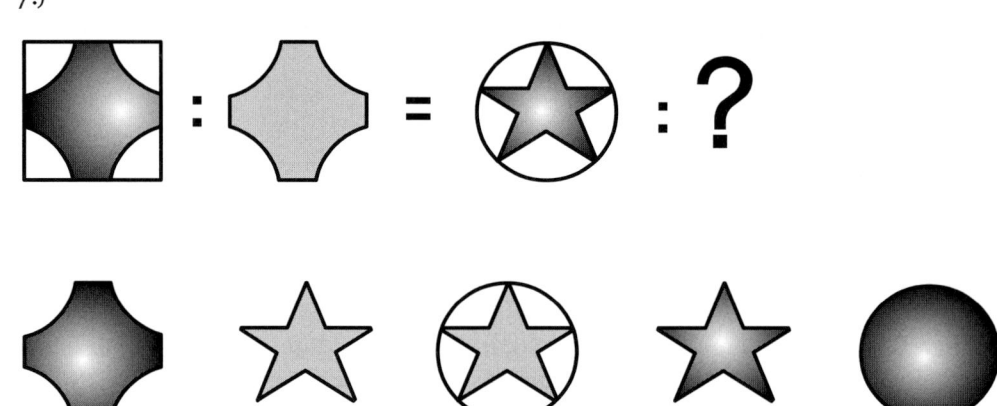

a   b   c   d   e

Lösen Sie die folgende Rechenaufgabe.

8.) Die Großeltern schenken ihren vier Enkelkindern zusammen 220 Euro. Sie sollen das Geld gerecht teilen. Welchen Betrag erhält jedes Kind?

Welche Figur passt jeweils nicht zu den anderen?

9.)

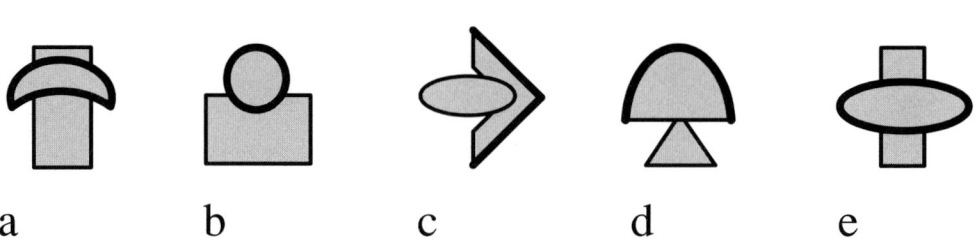

a   b   c   d   e

Fünf Wörter werden Ihnen vorgegeben. Sie sollen herausfinden, welches Wort nicht in die Gruppe gehört.

10.)
a) Dichter   b) Bäcker   c) Schriftsteller   d) Modedesigner   e) Maler

Nehmen Sie an, die ersten Sätze sind wahr. Ist dann die jeweilige Schlussfolgerung richtig oder falsch?

11.) Keines der Schreibgeräte ist blau. Alle Stifte sind Schreibgeräte. Deshalb sind Stifte nicht blau.

Welche Figur a bis e passt als Einzige in das freie Kästchen mit dem Fragezeichen und ergänzt die anderen logisch?

12.)

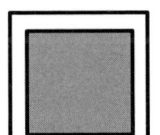 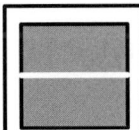 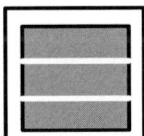 

    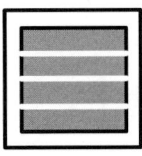

a   b   c   d   e

Fünf Wörter werden Ihnen vorgegeben. Sie sollen die beiden Wörter herausfinden, für die es einen gemeinsamen Oberbegriff gibt. Versuchen Sie immer die wesentliche Gemeinsamkeit zu finden.

13.)
a) Säge   b) Nagel   c) Beton   d) Wasserwaage   e) Schraube

14.)
a) Brasilien   b) Frankreich   c) Nigeria   d) Niederlande   e) Indien

Aufgabenblock 8		1	2	3	4	5	6	7
		8	9	10	11	12	13	14
	Gelöst in: ____ Minuten	15	16	17	18	19	20	21
		22	23	24	25	26	27	28
Datum: _____	Punkte: _____ von 14	29	30					

Die Aufgaben bestehen aus Sätzen, bei denen jeweils ein Wort fehlt. Für jeden der Sätze werden Ihnen fünf Lösungsmöglichkeiten vorgeschlagen. Sie sollen ein Wort auswählen, welches den Satz richtig vervollständigt.

1.) Alle Einrichtungen der jeweiligen Hochschule bezeichnet man als ... .
a) Hauptgebäude   b) Campus   c) Gelände   d) Fakultäts-   e) Unistaat
                                                      gebäude

2.) ... ist ein leichtes, fossiles Harz von Kiefern, das vor etwa 40 bis 50 Millionen Jahren entstand.
a) Magma   b) Graphit   c) Stalaktit   d) Bernstein   e) Koralle

Suchen Sie bei den folgenden Aufgaben immer diejenige Figur heraus, die nur durch Spiegeln/Umklappen mit den anderen zur Deckung gebracht werden kann.

3.)

a   b   c   d   e

4.)

a   b   c   d   e

Ist der Satz eine Tatsache oder eine Meinung?

5.) Rinder produzieren Treibhausgase, die für die globale Erwärmung verantwortlich sind.

6.) Mit zunehmendem Alter wird man weiser und auch zufriedener.

In der oberen Reihe sind zwei Objektpaare vorhanden. Das erste Objektpaar ist nach einer bestimmten Regel aufgebaut. Diese Regel gilt auch für das zweite Objektpaar. In der unteren Reihe werden Ihnen fünf Figuren zur Auswahl angeboten. Sie sollten herausfinden, welche der fünf Figuren anstelle des Fragezeichens eingesetzt werden muss.

7.)

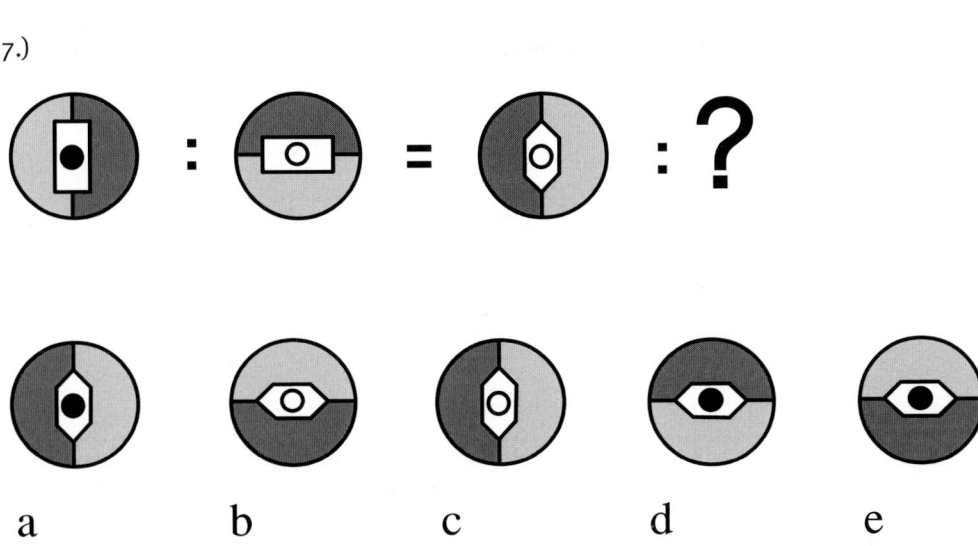

a   b   c   d   e

Lösen Sie die folgende Rechenaufgabe.

8.) Ein Bauer mochte 550 kg Kartoffeln in Säcke zu je 50 kg abfüllen. Wie viele Säcke werden benötigt?

Welche Figur passt jeweils nicht zu den anderen?

9.)

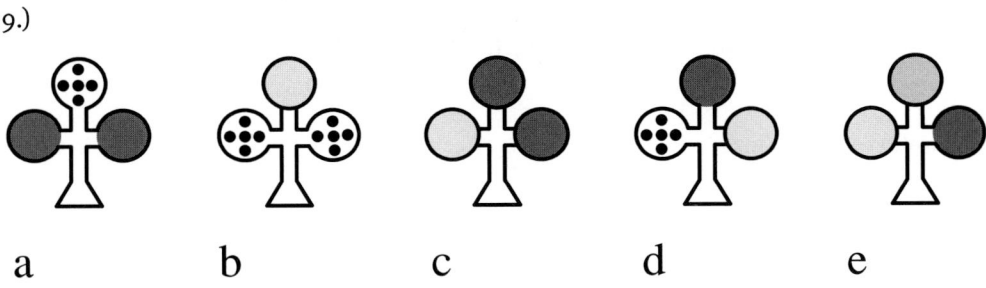

a   b   c   d   e

Fünf Wörter werden Ihnen vorgegeben. Sie sollen herausfinden, welches Wort nicht in die Gruppe gehört.

10.)
a) Widerruf   b) Aufhebung   c) Abschaffung   d) Bestätigung   e) Auflösung

Nehmen Sie an, die ersten Sätze sind wahr. Ist dann die jeweilige Schlussfolgerung richtig oder falsch?

11.) Wespen geben keinen Honig. Allerdings nicht alle Insekten sind Wespen. Also, alle Insekten geben keinen Honig.

Welche Figur a bis e passt als Einzige in das freie Kästchen mit dem Fragezeichen und ergänzt die anderen logisch?

12.)

a

b

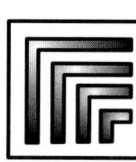

c

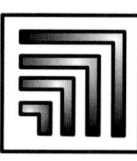

d

e

Fünf Wörter werden Ihnen vorgegeben. Sie sollen die beiden Wörter herausfinden, für die es einen gemeinsamen Oberbegriff gibt. Versuchen Sie immer die wesentliche Gemeinsamkeit zu finden.

13.)
a) Fichte   b) Tulpe   c) Knoblauch   d) Narzisse   e) Stachelbeere

14.)
a) Giraffe   b) Katze   c) Maus   d) Rabe   e) Schwein

Aufgabenblock 9		1	2	3	4	5	6	7
		8	9	10	11	12	13	14
	Gelöst in: _____ Minuten	15	16	17	18	19	20	21
		22	23	24	25	26	27	28
Datum: _____	Punkte: _____ von 14	29	30					

Die Aufgaben bestehen aus Sätzen, bei denen jeweils ein Wort fehlt. Für jeden der Sätze werden Ihnen fünf Lösungsmöglichkeiten vorgeschlagen. Sie sollen ein Wort auswählen, welches den Satz richtig vervollständigt.

1.) Um im Lotto zu gewinnen braucht man viel ...?
a) Magie   b) Übung   c) Erfahrung   d) Wissen   e) Glück

2.) Fischereiausübungsberechtigte dürfen ohne ... nicht fischen.
a) Köder   b) Angel   c) Lizenz   d) viel Geduld   e) Gewässer

Suchen Sie bei den folgenden Aufgaben immer diejenige Figur heraus, die nur durch Spiegeln/Umklappen mit den anderen zur Deckung gebracht werden kann.

3.)

   a   b   c   d   e

4.)

   a   b   c   d   e

Ist der Satz eine Tatsache oder eine Meinung?

5.) Ein Auto fährt manchmal schneller als sein Fahrer denken kann.

6.) Gesundheit ist nicht alles. Ohne Gesundheit ist aber alles nichts.

In der oberen Reihe sind zwei Objektpaare vorhanden. Das erste Objektpaar ist nach einer bestimmten Regel aufgebaut. Diese Regel gilt auch für das zweite Objektpaar. In der unteren Reihe werden Ihnen fünf Figuren zur Auswahl angeboten. Sie sollten herausfinden, welche der fünf Figuren anstelle des Fragezeichens eingesetzt werden muss.

7.)

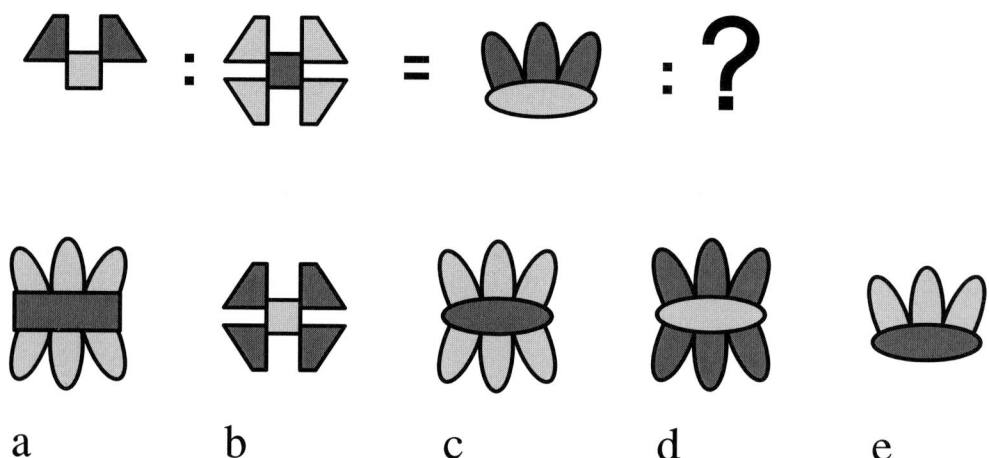

a   b   c   d   e

Lösen Sie die folgende Rechenaufgabe.

8.) Oma Nicole ist 73 Jahre alt. Ihr Enkel Klaus ist um 57 Jahre jünger. Wie alt ist Klaus?

Welche Figur passt jeweils nicht zu den anderen?

9.)

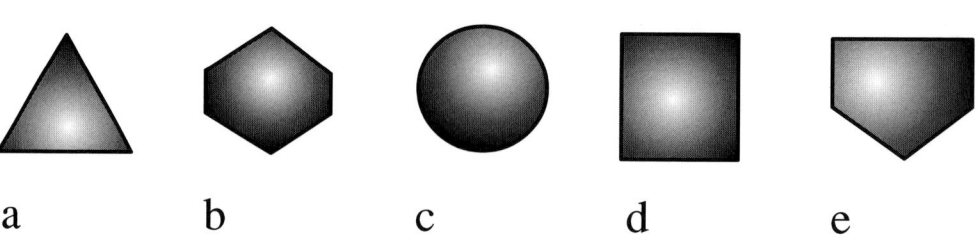

a   b   c   d   e

Fünf Wörter werden Ihnen vorgegeben. Sie sollen herausfinden, welches Wort nicht in die Gruppe gehört.

10.)
a) Notizbuch   b) Ordner   c) Mappe   d) Kopierer   e) Ringbuch

Nehmen Sie an, die ersten Sätze sind wahr. Ist dann die jeweilige Schlussfolgerung richtig oder falsch?

11.) Pia und Nina sind Schwestern. Die Mutter von Pia heißt Martha. Deshalb heißt die Mutter von Nina auch Martha.

Welche Figur a bis e passt als Einzige in das freie Kästchen mit dem Fragezeichen und ergänzt die anderen logisch?

12.)

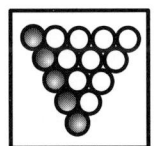 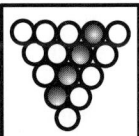 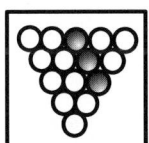 

         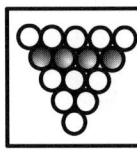   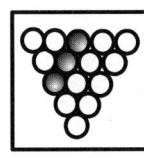

  a   b   c   d   e

Fünf Wörter werden Ihnen vorgegeben. Sie sollen die beiden Wörter herausfinden, für die es einen gemeinsamen Oberbegriff gibt. Versuchen Sie immer die wesentliche Gemeinsamkeit zu finden.

13.)
a) Trommel   b) Geige   c) Klavier   d) Kontrabass   e) Flöte

14.)
a) Brücke   b) Strömung   c) Ufer   d) Boot   e) Fähre

Aufgabenblock 10		1	2	3	4	5	6	7
		8	9	10	11	12	13	14
	Gelöst in: _____ Minuten	15	16	17	18	19	20	21
		22	23	24	25	26	27	28
Datum: _____	Punkte: _____ von 14	29	30					

Die Aufgaben bestehen aus Sätzen, bei denen jeweils ein Wort fehlt. Für jeden der Sätze werden Ihnen fünf Lösungsmöglichkeiten vorgeschlagen. Sie sollen ein Wort auswählen, welches den Satz richtig vervollständigt.

1.) Die kanadische Flagge schmückt das ... .
a) Kastanienblatt   b) Eichenblatt   c) Lorbeerblatt   d) Lindenblatt   e) Ahornblatt

2.) Ein Skorpion steht in Beziehung zum Gift, wie eine Ziege zu ...
a) Gras   b) Stahl   c) Milch   d) Kot   e) Hufen

Suchen Sie bei den folgenden Aufgaben immer diejenige Figur heraus, die nur durch Spiegeln/Umklappen mit den anderen zur Deckung gebracht werden kann.

3.)

   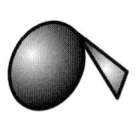   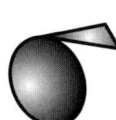   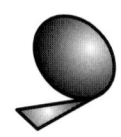   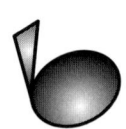

a   b   c   d   e

4.)

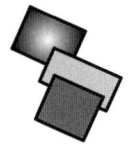            

a   b   c   d   e

Ist der Satz eine Tatsache oder eine Meinung?

5.) Man lernt am schnellsten und am besten dadurch, dass man andere lehrt.

6.) Man ist vor allem für sich selbst verantwortlich.

In der oberen Reihe sind zwei Objektpaare vorhanden. Das erste Objektpaar ist nach einer bestimmten Regel aufgebaut. Diese Regel gilt auch für das zweite Objektpaar. In der unteren Reihe werden Ihnen fünf Figuren zur Auswahl angeboten. Sie sollten herausfinden, welche der fünf Figuren anstelle des Fragezeichens eingesetzt werden muss.

7.)

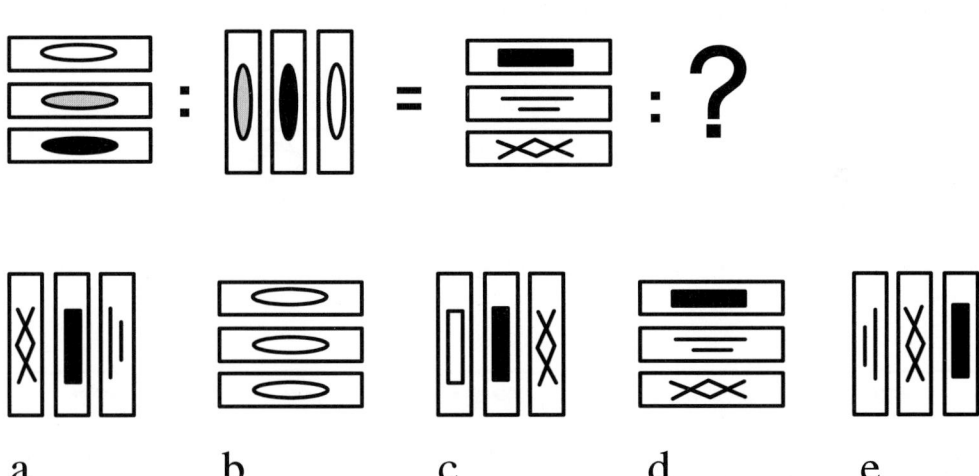

Lösen Sie die folgende Rechenaufgabe.

8.) Eine Gruppe Touristen steht auf dem Schiff und blickt der untergehenden Sonne entgegen. Der Schiff kehrt um. In welche Himmelsrichtung schauen nun Touristen (Osten oder Westen)?

Welche Figur passt jeweils nicht zu den anderen?

9.)

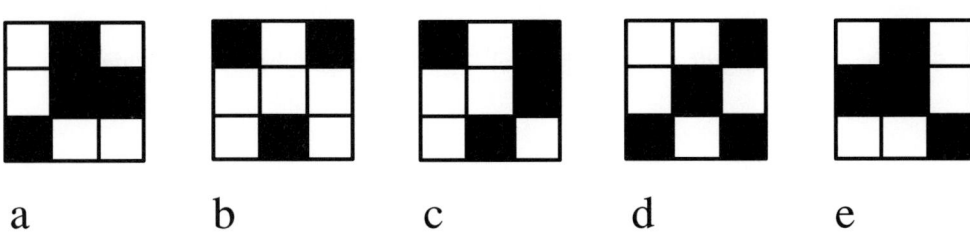

Fünf Wörter werden Ihnen vorgegeben. Sie sollen herausfinden, welches Wort nicht in die Gruppe gehört.

10.)
a) Elbe   b) Chiemsee   c) Rhein   d) Lech   e) Oder

Nehmen Sie an, die ersten Sätze sind wahr. Ist dann die jeweilige Schlussfolgerung richtig oder falsch?

11.) Birgit hat einen geblümten Rock mit grünem Muster. Also ist ihr Rock grün.

Welche Figur a bis e passt als Einzige in das freie Kästchen mit dem Fragezeichen und ergänzt die anderen logisch?

12.)

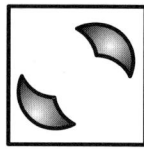  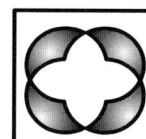  

a   b   c   d   e

Fünf Wörter werden Ihnen vorgegeben. Sie sollen die beiden Wörter herausfinden, für die es einen gemeinsamen Oberbegriff gibt. Versuchen Sie immer die wesentliche Gemeinsamkeit zu finden.

13.)
a) Bäcker   b) Student   c) Fahrer   d) Azubi   e) Verkäufer

14.)
a) Schloss   b) Türgriff   c) Schlüssel   d) Schraube   e) Klingel

Aufgabenblock 11		1	2	3	4	5	6	7
		8	9	10	11	12	13	14
	Gelöst in: ____ Minuten	15	16	17	18	19	20	21
		22	23	24	25	26	27	28
Datum: _____	Punkte: _____ von 14	29	30					

Die Aufgaben bestehen aus Sätzen, bei denen jeweils ein Wort fehlt. Für jeden der Sätze werden Ihnen fünf Lösungsmöglichkeiten vorgeschlagen. Sie sollen ein Wort auswählen, welches den Satz richtig vervollständigt.

1.) Die größte Insel der Erde ist ... .
a) Sizilien   b) Grönland   c) Korsika   d) Madagaskar   e) Sumatra

2.) Eine Biene stirbt ohne ... .
a) ihrer Wabe   b) Wiese   c) ihren Stachel   d) Zucker   e) Bienenhaus

Suchen Sie bei den folgenden Aufgaben immer diejenige Figur heraus, die nur durch Spiegeln/Umklappen mit den anderen zur Deckung gebracht werden kann.

3.)

         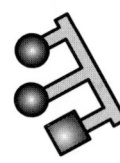   

a   b   c   d   e

4.)

a   b   c   d   e

Ist der Satz eine Tatsache oder eine Meinung?

5.) Es gibt viele Wege zum persönlichen Glück, die jeder selbst herausfinden muss.

6.) Montage sind immer anstrengend.

In der oberen Reihe sind zwei Objektpaare vorhanden. Das erste Objektpaar ist nach einer bestimmten Regel aufgebaut. Diese Regel gilt auch für das zweite Objektpaar. In der unteren Reihe werden Ihnen fünf Figuren zur Auswahl angeboten. Sie sollten herausfinden, welche der fünf Figuren anstelle des Fragezeichens eingesetzt werden muss.

7.)

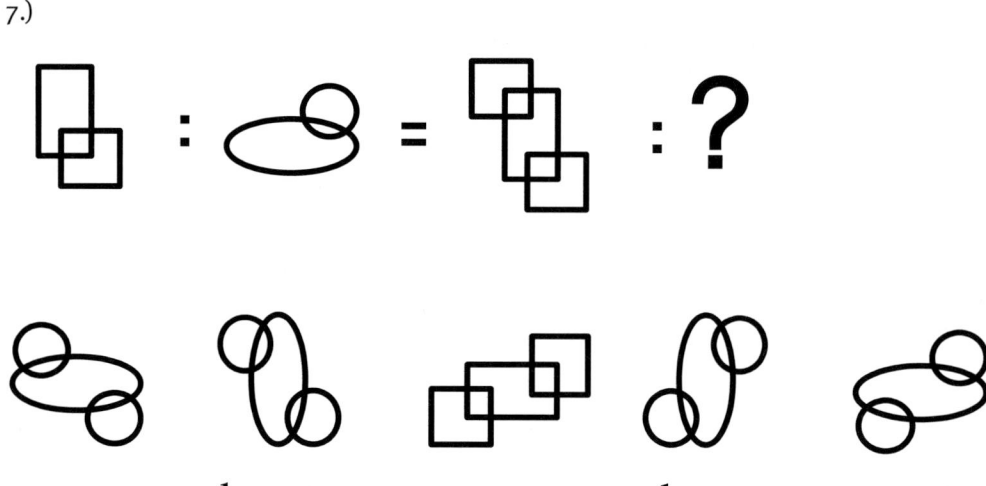

a   b   c   d   e

Lösen Sie die folgende Rechenaufgabe.

8.) Ein Auto verbraucht 6 Liter Benzin in einer Stunde. Wie hoch ist der Verbrauch nach 2,5 Stunden?

Welche Figur passt jeweils nicht zu den anderen?

9.)

a   b   c   d   e

Fünf Wörter werden Ihnen vorgegeben. Sie sollen herausfinden, welches Wort nicht in die Gruppe gehört.

10.)
a) Kastanie   b) Aster   c) Ballonblume   d) Feuerlilie   e) Enzian

Nehmen Sie an, die ersten Sätze sind wahr. Ist dann die jeweilige Schlussfolgerung richtig oder falsch?

11. Manche Schachteln sind rot. Manche roten Schachteln sind groß. Also sind alle roten Schachteln groß.

Welche Figur a bis e passt als Einzige in das freie Kästchen mit dem Fragezeichen und ergänzt die anderen logisch?

12.)

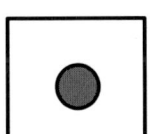   

  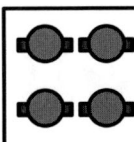 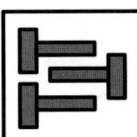 

a   b   c   d   e

Fünf Wörter werden Ihnen vorgegeben. Sie sollen die beiden Wörter herausfinden, für die es einen gemeinsamen Oberbegriff gibt. Versuchen Sie immer die wesentliche Gemeinsamkeit zu finden.

13.)
a) Erdbeben   b) Grube   c) Tsunami   d) Sternhimmel   e) Regenbogen

14.)
a) Haus   b) Büro   c) Zelt   d) Bunker   e) Keller

Aufgabenblock 12		1	2	3	4	5	6	7
		8	9	10	11	12	13	14
	Gelöst in: _____ Minuten	15	16	17	18	19	20	21
		22	23	24	25	26	27	28
Datum: _____	Punkte: _____ von 14	29	30					

Die Aufgaben bestehen aus Sätzen, bei denen jeweils ein Wort fehlt. Für jeden der Sätze werden Ihnen fünf Lösungsmöglichkeiten vorgeschlagen. Sie sollen ein Wort auswählen, welches den Satz richtig vervollständigt.

1.) Eine Blume steht in Beziehung zur Primel, wie ein Säugetier zu ...
a) Wolf   b) Wald   c) Fressnapf   d) Futter   e) Spatz

2.) Ein Bild, das mit Wasserfarben auf Papier gemalt ist, heißt ... .
a) Waschmalerei b) Aquarell c) Pustetechnik d) Ölpastellmalerei e) Sgraffito

Suchen Sie bei den folgenden Aufgaben immer diejenige Figur heraus, die nur durch Spiegeln/Umklappen mit den anderen zur Deckung gebracht werden kann.

3.)

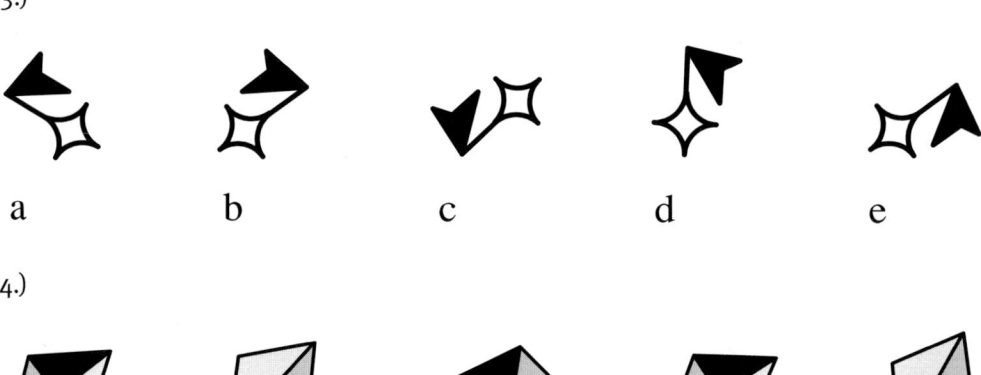

a   b   c   d   e

4.)

a   b   c   d   e

Ist der Satz eine Tatsache oder eine Meinung?

5.) Übermäßiger Alkoholkonsum kann die Gesundheit und das Leben eines Menschen zerstören.

6.) Es ist besser fernzusehen als ins Kino zu gehen.

In der oberen Reihe sind zwei Objektpaare vorhanden. Das erste Objektpaar ist nach einer bestimmten Regel aufgebaut. Diese Regel gilt auch für das zweite Objektpaar. In der unteren Reihe werden Ihnen fünf Figuren zur Auswahl angeboten. Sie sollten herausfinden, welche der fünf Figuren anstelle des Fragezeichens eingesetzt werden muss.

7.)

a   b   c   d   e

Lösen Sie die folgende Rechenaufgabe.

8.) Die Fläche einer rechteckigen Wiese beträgt 420 m². Die Breite ist 20 m. Wie lang ist die Wiese?

Welche Figur passt jeweils nicht zu den anderen?

9.)

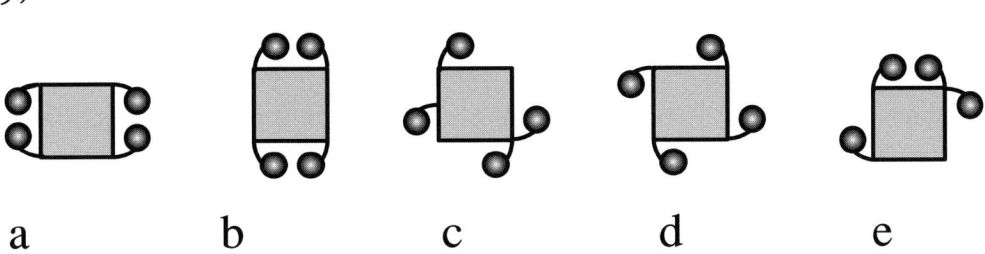

a   b   c   d   e

Fünf Wörter werden Ihnen vorgegeben. Sie sollen herausfinden, welches Wort nicht in die Gruppe gehört.

10.)
a) Mandoline   b) Geige   c) Kontrabass   d) Gitarre   e) Schlagzeug

Nehmen Sie an, die ersten Sätze sind wahr. Ist dann die jeweilige Schlussfolgerung richtig oder falsch?

11.) René spielt gern Schach. Das Lieblingsspiel von André ist Golf. Also beide spielen gern sowohl Schach als auch Golf.

Welche Figur a bis e passt als Einzige in das freie Kästchen mit dem Fragezeichen und ergänzt die anderen logisch?

12.)

a   b   c   d   e

Fünf Wörter werden Ihnen vorgegeben. Sie sollen die beiden Wörter herausfinden, für die es einen gemeinsamen Oberbegriff gibt. Versuchen Sie immer die wesentliche Gemeinsamkeit zu finden.

13.)
a) Handschuhe   b) Hose   c) Socken   d) Kleid   e) Sakko

14.)
a) Sport   b) Geschichte   c) Musik   d) Kunst   e) Literatur

Aufgabenblock 13		1	2	3	4	5	6	7
		8	9	10	11	12	13	14
	Gelöst in: ____ Minuten	15	16	17	18	19	20	21
		22	23	24	25	26	27	28
Datum: _____	Punkte: _____ von 14	29	30					

Die Aufgaben bestehen aus Sätzen, bei denen jeweils ein Wort fehlt. Für jeden der Sätze werden Ihnen fünf Lösungsmöglichkeiten vorgeschlagen. Sie sollen ein Wort auswählen, welches den Satz richtig vervollständigt.

1.) Kamele können bis zu zehn Monate ohne einen Tropfen Wasser überleben. Sie speichern ihren Höckern ... .
a) Futter   b) Fett   c) Milch   d) Eiweiß   e) Wasser

2.) Die Leistung eines Autos misst man mit einem... .
a) Laser-Messgerät   b) Ölmessstab   c) Tachometer   d) Blitzer   e) Rollenprüfstand

Suchen Sie bei den folgenden Aufgaben immer diejenige Figur heraus, die nur durch Spiegeln/Umklappen mit den anderen zur Deckung gebracht werden kann.

3.)

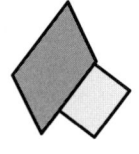 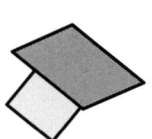 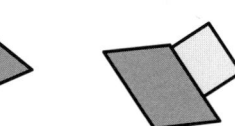  

a   b   c   d   e

4.)

 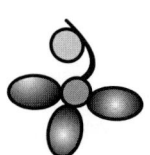   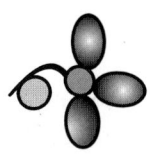

a   b   c   d   e

Ist der Satz eine Tatsache oder eine Meinung?

5.) Es ist günstiger, Möbel im Internet als in einem Möbelgeschäft zu kaufen.

6.) Mit jedem intensiven Sonnenbad erhöht sich das Risiko, an Hautkrebs zu erkranken.

In der oberen Reihe sind zwei Objektpaare vorhanden. Das erste Objektpaar ist nach einer bestimmten Regel aufgebaut. Diese Regel gilt auch für das zweite Objektpaar. In der unteren Reihe werden Ihnen fünf Figuren zur Auswahl angeboten. Sie sollten herausfinden, welche der fünf Figuren anstelle des Fragezeichens eingesetzt werden muss.

7.)

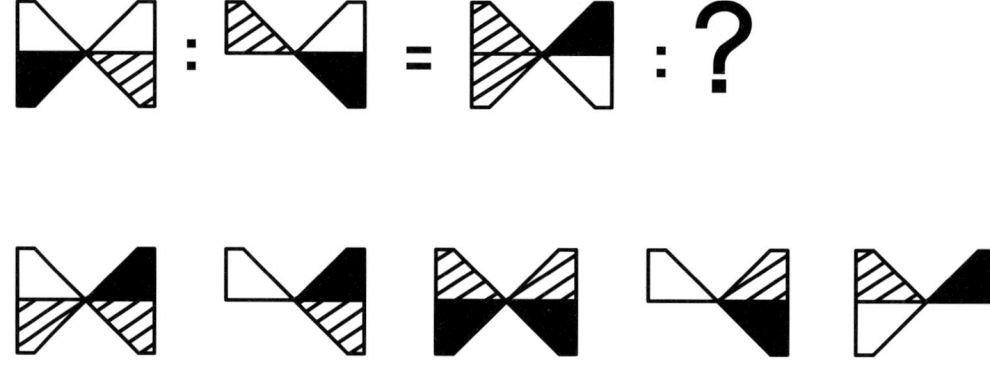

a   b   c   d   e

Lösen Sie die folgende Rechenaufgabe.

8.) Eine Brücke kann genau 1 Tonne tragen. Ein LKW wiegt zusammen mit dem Fahrer 650 kg. Hinzu kommen 450 kg Beladung. Darf LKW über die Brücke fahren?

Welche Figur passt jeweils nicht zu den anderen?

9.)

a   b   c   d   e

Fünf Wörter werden Ihnen vorgegeben. Sie sollen herausfinden, welches Wort nicht in die Gruppe gehört.

10.)
a) Mahnung   b) Bitte   c) Gesuch   d) Ersuchen   e) Anliegen

Nehmen Sie an, die ersten Sätze sind wahr. Ist dann die jeweilige Schlussfolgerung richtig oder falsch?

11.) Alle Bücher sind rechteckig. Manche Bücher sind farbig. Also sind alle Bücher farbig und rechteckig.

Welche Figur a bis e passt als Einzige in das freie Kästchen mit dem Fragezeichen und ergänzt die anderen logisch?

12.)

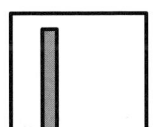 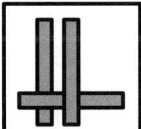 

 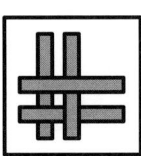 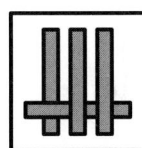 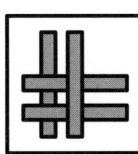

a   b   c   d   e

Fünf Wörter werden Ihnen vorgegeben. Sie sollen die beiden Wörter herausfinden, für die es einen gemeinsamen Oberbegriff gibt. Versuchen Sie immer die wesentliche Gemeinsamkeit zu finden.

13.)
a) Quadrat   b) Dreieck   c) Kreis   d) Fünfeck   e) Oval

14.)
a) Karpfenfisch   b) Wal   c) Seelachs   d) Delphin   e) Hering

Aufgabenblock 14		1	2	3	4	5	6	7
		8	9	10	11	12	13	14
	Gelöst in: ____ Minuten	15	16	17	18	19	20	21
		22	23	24	25	26	27	28
Datum: _____	Punkte: _____ von 14	29	30					

Die Aufgaben bestehen aus Sätzen, bei denen jeweils ein Wort fehlt. Für jeden der Sätze werden Ihnen fünf Lösungsmöglichkeiten vorgeschlagen. Sie sollen ein Wort auswählen, welches den Satz richtig vervollständigt.

1.) Das gemeinsame an einem Rasierer und einer Schere ist, dass sie ... haben.
a) Federn   b) Klingen   c) Scherköpfe   d) Netzkabel   e) Schutzkappen

2.) Etwa... Prozent der Erdoberfläche entfallen auf Meer.
a) 71   b) 60   c) 77   d) 90   e) 83

Suchen Sie bei den folgenden Aufgaben immer diejenige Figur heraus, die nur durch Spiegeln/Umklappen mit den anderen zur Deckung gebracht werden kann.

3.)

a   b   c   d   e

4.)

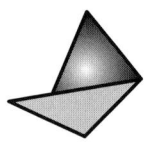  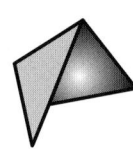 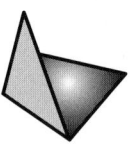 

a   b   c   d   e

Ist der Satz eine Tatsache oder eine Meinung?

5.) Die Mehrheit der unverheirateten deutschen Männer über dreißig lebt im elterlichen Haushalt.

6.) Ein Kind verändert eine Beziehung.

In der oberen Reihe sind zwei Objektpaare vorhanden. Das erste Objektpaar ist nach einer bestimmten Regel aufgebaut. Diese Regel gilt auch für das zweite Objektpaar. In der unteren Reihe werden Ihnen fünf Figuren zur Auswahl angeboten. Sie sollten herausfinden, welche der fünf Figuren anstelle des Fragezeichens eingesetzt werden muss.

7.)

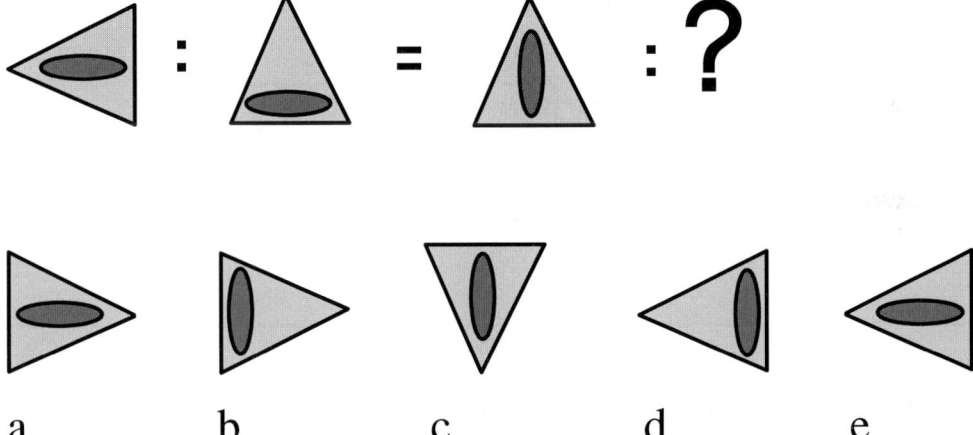

Lösen Sie die folgende Rechenaufgabe.

8.) Auf einem Grundstück soll ein 20 Meter langer Holzzaun verlegt werden. Die Holzpfosten sollen in Abständen von 1 Meter stehen. Wie viel Holzpfosten braucht man dafür?

Welche Figur passt jeweils nicht zu den anderen?

9.)

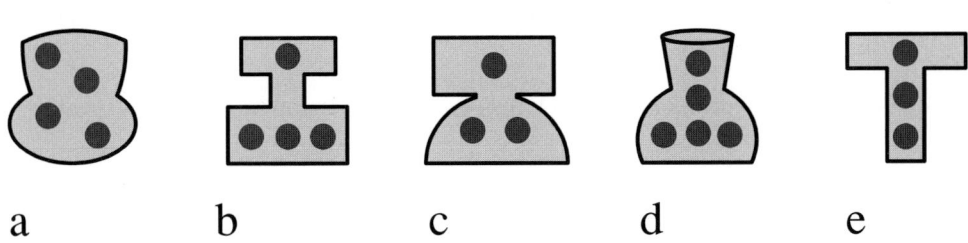

Fünf Wörter werden Ihnen vorgegeben. Sie sollen herausfinden, welches Wort nicht in die Gruppe gehört.

10.)
a) Mund   b) Brille   c) Nase   d) Augenbrauen   e) Lippen

Nehmen Sie an, die beiden ersten Behauptungen sind wahr. Ist dann die jeweilige Schlussfolgerung richtig oder falsch?

11.) Wenn alle Möbel Betten sind und einige Betten Hochbetten sind, dann sind einige Hochbetten Möbel.

Welche Figur a bis e passt als Einzige in das freie Kästchen mit dem Fragezeichen und ergänzt die anderen logisch?

12.)

 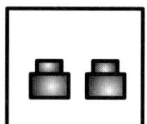 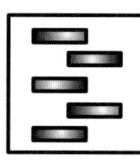 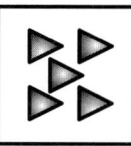 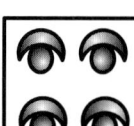

a   b   c   d   e

Fünf Wörter werden Ihnen vorgegeben. Sie sollen die beiden Wörter herausfinden, für die es einen gemeinsamen Oberbegriff gibt. Versuchen Sie immer die wesentliche Gemeinsamkeit zu finden.

13.)
a) Kupfer   b) Gold   c) Zink   d) Aluminium   e) Platin

14.)
a) Tennis   b) Schwimmen   c) Boxen   d) Badminton   e) Skat

Die Aufgaben bestehen aus Sätzen, bei denen jeweils ein Wort fehlt. Für jeden der Sätze werden Ihnen fünf Lösungsmöglichkeiten vorgeschlagen. Sie sollen ein Wort auswählen, welches den Satz richtig vervollständigt.

1.) ... ist der Hauptzweck von Goldmedaillen.
a) Andenken   b) Auszeichnung   c) Freude   d) Zahlungsmittel   e) Sonderprägung

2.) Jesus sagt: Es ist unmöglich, dass es Gewinner gibt solange es ... gibt.
a) Kampf   b) Menschen   c) Verlierer   d) Wettbewerb   e) Ungerechtigkeit

Suchen Sie bei den folgenden Aufgaben immer diejenige Figur heraus, die nur durch Spiegeln/Umklappen mit den anderen zur Deckung gebracht werden kann.

3.)

a   b   c   d   e

4.)

a   b   c   d   e

71

Ist der Satz eine Tatsache oder eine Meinung?

5.) Um ein Instrument zu spielen muss man Noten lesen können.

6.) In Deutschland gibt es immer mehr Menschen mit einem Migrationshintergrund.

In der oberen Reihe sind zwei Objektpaare vorhanden. Das erste Objektpaar ist nach einer bestimmten Regel aufgebaut. Diese Regel gilt auch für das zweite Objektpaar. In der unteren Reihe werden Ihnen fünf Figuren zur Auswahl angeboten. Sie sollten herausfinden, welche der fünf Figuren anstelle des Fragezeichens eingesetzt werden muss.

7.)

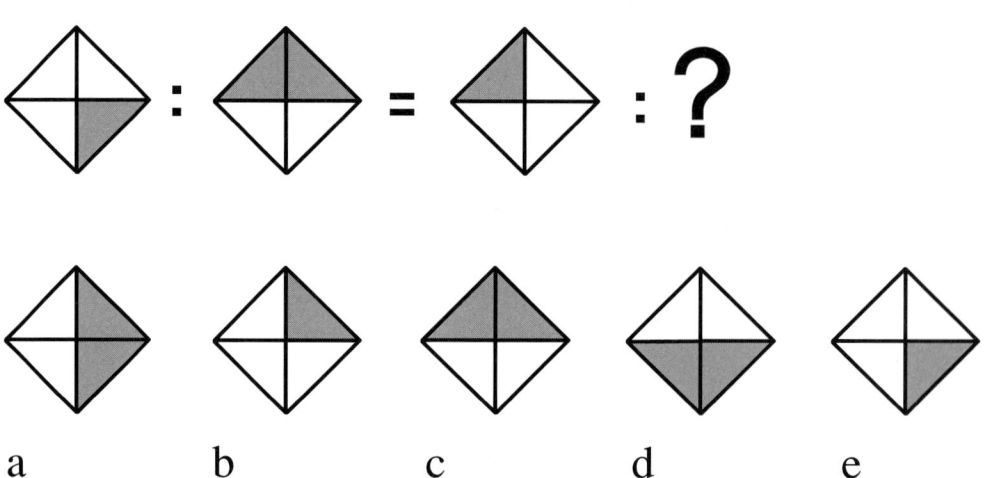

Lösen Sie die folgende Rechenaufgabe.

8.) 12 kg Honig sind in 2 Gefäßen verteilt. In einem sind 2 kg mehr Honig als in dem anderen. Wie viele kg Honig sind im größeren Gefäß?

Welche Figur passt jeweils nicht zu den anderen?

9.)

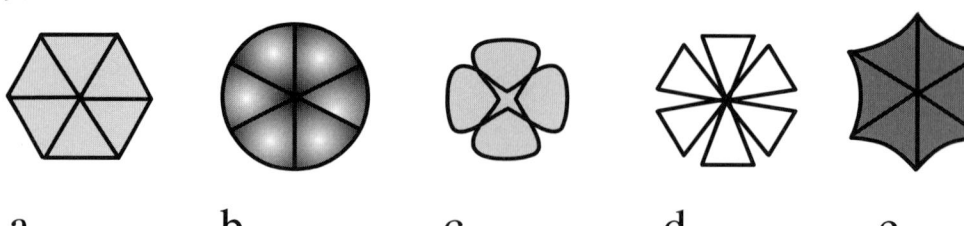

Fünf Wörter werden Ihnen vorgegeben. Sie sollen herausfinden, welches Wort nicht in die Gruppe gehört.

10.)
a) Gartenbau   b) Verkehr   c) Bautechnik   d) Fachkraft   e) Gastgewerbe

Nehmen Sie an, die ersten Sätze sind wahr. Ist dann die jeweilige Schlussfolgerung richtig oder falsch?

11.) Eine Kuh wird wegen ihrer Milch gehalten. Alle Kühe leben im Stall. Also leben manche Nutztiere, die Milch geben, im Stall.

Welche Figur a bis e passt als Einzige in das freie Kästchen mit dem Fragezeichen und ergänzt die anderen logisch?

12.)

  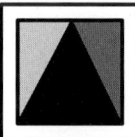 

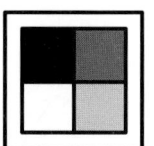 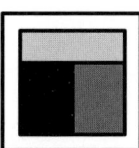 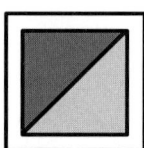 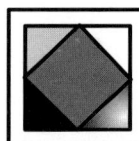 

a   b   c   d   e

Fünf Wörter werden Ihnen vorgegeben. Sie sollen die beiden Wörter herausfinden, für die es einen gemeinsamen Oberbegriff gibt. Versuchen Sie immer die wesentliche Gemeinsamkeit zu finden.

13.)
a) Gärtner   b) Ingenieur   c) Rechtsanwalt   d) Tänzer   e) Sänger

14.)
a) Zelt   b) Taschenlampe   c) Messer   d) Lagerfeuer   e) Rucksack

Aufgabenblock 16		1	2	3	4	5	6	7
		8	9	10	11	12	13	14
	Gelöst in: _____ Minuten	15	16	17	18	19	20	21
		22	23	24	25	26	27	28
Datum: _____	Punkte: _____ von 14	29	30					

Die Aufgaben bestehen aus Sätzen, bei denen jeweils ein Wort fehlt. Für jeden der Sätze werden Ihnen fünf Lösungsmöglichkeiten vorgeschlagen. Sie sollen ein Wort auswählen, welches den Satz richtig vervollständigt.

1.) Frühstück ist die wichtigste ... des Tages.
a) Beschäftigung   b) Struktur   c) Mahlzeit   d) Zeit   e) Botschaft

2.) ... gibt es dann, wenn in einem Staat insgesamt mehr Geld vorhanden ist, als es Waren und Güter gibt.
a) Ein Bankrott   b) Eine Inflation   c) Eine Investition   d) Eine Insolvenz   e) Eine Sucht

Suchen Sie bei den folgenden Aufgaben immer diejenige Figur heraus, die nur durch Spiegeln/Umklappen mit den anderen zur Deckung gebracht werden kann.

3.)

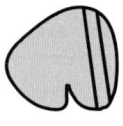 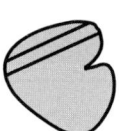 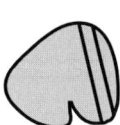 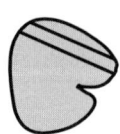 

a   b   c   d   e

4.)

a   b   c   d   e

Ist der Satz eine Tatsache oder eine Meinung?

5.) Großstadt-Mieten sind in der Regel viel höher als auf dem Land.

6.) Die hohen Kosten für Öl und Gas treiben die Preise für Lebensmittel in die Höhe.

In der oberen Reihe sind zwei Objektpaare vorhanden. Das erste Objektpaar ist nach einer bestimmten Regel aufgebaut. Diese Regel gilt auch für das zweite Objektpaar. In der unteren Reihe werden Ihnen fünf Figuren zur Auswahl angeboten. Sie sollten herausfinden, welche der fünf Figuren anstelle des Fragezeichens eingesetzt werden muss.

7.)

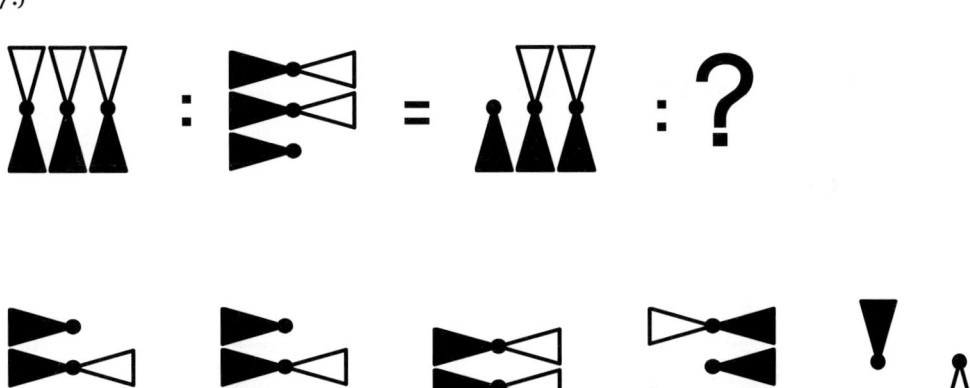

a　　　　b　　　　c　　　　d　　　　e

Lösen Sie die folgende Rechenaufgabe.

8.) Im Weinkeller sind 100 Flaschen Wein. Man bringt noch 5 Kisten zu je 6 Flaschen. Wie viele Flaschen sind jetzt im Keller?

Welche Figur passt jeweils nicht zu den anderen?

9.)

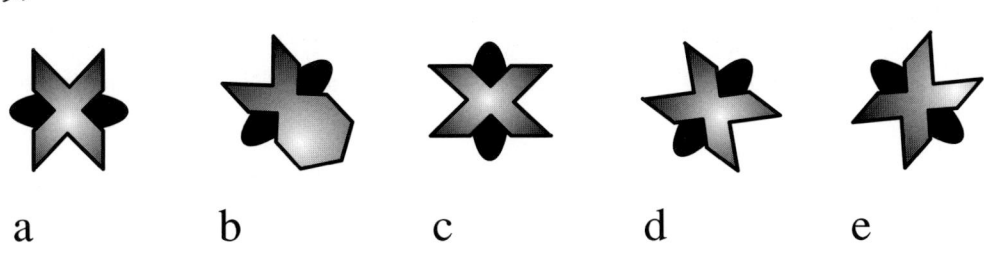

a　　　　b　　　　c　　　　d　　　　e

Fünf Wörter werden Ihnen vorgegeben. Sie sollen herausfinden, welches Wort nicht in die Gruppe gehört.

10.)
a) Orange   b) Rot   c) Grün   d) Violett   e) Regenbogen

Nehmen Sie an, die ersten Sätze sind wahr. Ist dann die jeweilige Schlussfolgerung richtig oder falsch?

11.) Eine Konditorei ist ein Handwerksbetrieb, der Fein- oder Süßgebäck herstellt. Also diejenige Hausfrau, die gut Torten und Kuchen backt, kann sich auch als Konditorin bezeichnen.

Welche Figur a bis e passt als Einzige in das freie Kästchen mit dem Fragezeichen und ergänzt die anderen logisch?

12.)

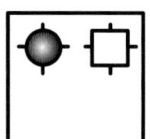 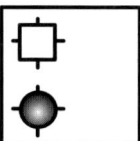 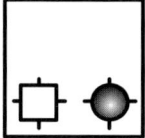 **?**

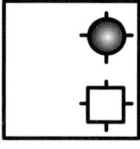 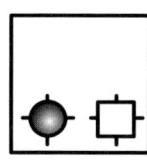 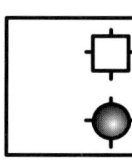 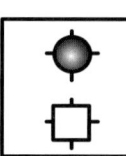 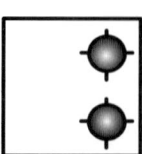

a   b   c   d   e

Fünf Wörter werden Ihnen vorgegeben. Sie sollen die beiden Wörter herausfinden, für die es einen gemeinsamen Oberbegriff gibt. Versuchen Sie immer die wesentliche Gemeinsamkeit zu finden.

13.)
a) Lupe   b) Buch   c) Fernglas   d) Soldat   e) Schlafmangel

14.)
a) Koriander   b) Zucker   c) Salz   d) Mehl   e) Reis

Aufgabenblock 17		1	2	3	4	5	6	7
		8	9	10	11	12	13	14
	Gelöst in: _____ Minuten	15	16	17	18	19	20	21
		22	23	24	25	26	27	28
Datum: _____	Punkte: _____ von 14	29	30					

Die Aufgaben bestehen aus Sätzen, bei denen jeweils ein Wort fehlt. Für jeden der Sätze werden Ihnen fünf Lösungsmöglichkeiten vorgeschlagen. Sie sollen ein Wort auswählen, welches den Satz richtig vervollständigt.

1.) Vorbeugung ist die beste … .
a) Gymnastik   b) Medizin   c) Vorsorge   d) Linderung   e) Heilung

2.) … bezeichnet eine kürzere Erzählung mit belehrender Absicht, in der vor allem Tiere, aber auch Pflanzen und andere Dinge oder fabelhafte Wesen menschliche Eigenschaften besitzen.
a) Das Gedicht   b) Die Erzählung   c) Der Vers   d) Die Ballade   e) Die Fabel

Suchen Sie bei den folgenden Aufgaben immer diejenige Figur heraus, die nur durch Spiegeln/Umklappen mit den anderen zur Deckung gebracht werden kann.

3.)

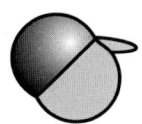      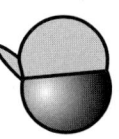   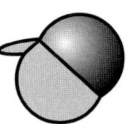   

a   b   c   d   e

4.)

a   b   c   d   e

Ist der Satz eine Tatsache oder eine Meinung?

5.) Die Weltbevölkerung wird immer älter.

6.) E-Books sind keine Konkurrenz für Papierbücher und Buchhandel.

In der oberen Reihe sind zwei Objektpaare vorhanden. Das erste Objektpaar ist nach einer bestimmten Regel aufgebaut. Diese Regel gilt auch für das zweite Objektpaar. In der unteren Reihe werden Ihnen fünf Figuren zur Auswahl angeboten. Sie sollten herausfinden, welche der fünf Figuren anstelle des Fragezeichens eingesetzt werden muss.

7.)

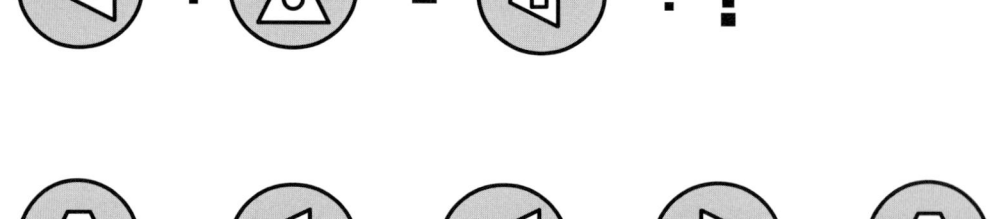

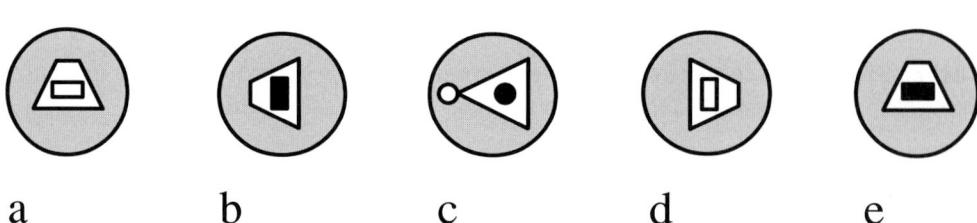

a	b	c	d	e

Lösen Sie die folgende Rechenaufgabe.

8.) Ein Bauer spannt eine quadratische Wiese mit einer Seitenlänge von 20 m. Wie viel Draht braucht er, wenn der Zaun doppelt gespannt wird?

Welche Figur passt jeweils nicht zu den anderen?

9.)

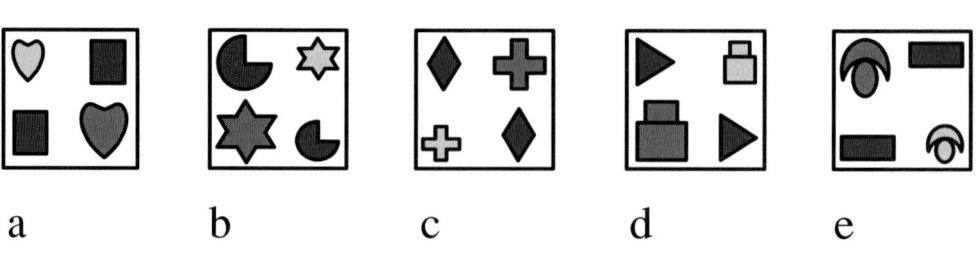

a	b	c	d	e

Fünf Wörter werden Ihnen vorgegeben. Sie sollen herausfinden, welches Wort nicht in die Gruppe gehört.

10.)
a) gefasst   b) gelassen   c) impulsiv   d) geruhsam   e) gemächlich

Nehmen Sie an, die ersten Sätze sind wahr. Ist dann die jeweilige Schlussfolgerung richtig oder falsch?

11.) Die meisten Eulen sind nachtaktiv. Für sie sind Kleinsäuger wie Mäuse die bevorzugte Beute. Spinnen sind auch nachtaktiv. Darauf folgt aber nicht, dass sie auch Kleinsäuger fressen.

Welche Figur a bis e passt als Einzige in das freie Kästchen mit dem Fragezeichen und ergänzt die anderen logisch?

12.)

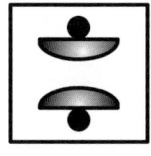    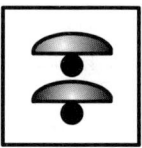

a   b   c   d   e

Fünf Wörter werden Ihnen vorgegeben. Sie sollen die beiden Wörter herausfinden, für die es einen gemeinsamen Oberbegriff gibt. Versuchen Sie immer die wesentliche Gemeinsamkeit zu finden.

13.)
a) Staubsauger   b) Gabel   c) Toaster   d) Kerze   e) Tisch

14.)
a) Wahrheit   b) Nachricht   c) Geständnis   d) Angebot   e) Lüge

Aufgabenblock 18		1	2	3	4	5	6	7
		8	9	10	11	12	13	14
	Gelöst in: _____ Minuten	15	16	17	18	19	20	21
		22	23	24	25	26	27	28
Datum: _____	Punkte: _____ von 14	29	30					

Die Aufgaben bestehen aus Sätzen, bei denen jeweils ein Wort fehlt. Für jeden der Sätze werden Ihnen fünf Lösungsmöglichkeiten vorgeschlagen. Sie sollen ein Wort auswählen, welches den Satz richtig vervollständigt.

1.) Ein Buch hat immer ... .
a) einen Ort   b) einen Verlag   c) Seiten   d) ein Lesezeichen   e) ein Thema

2.) Eine Pizza kann man ohne ... nicht backen.
a) Teig   b) Käse   c) Hefe   d) Backpapier   e) Wurst

Suchen Sie bei den folgenden Aufgaben immer diejenige Figur heraus, die nur durch Spiegeln/Umklappen mit den anderen zur Deckung gebracht werden kann.

3.)

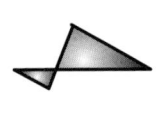    

a   b   c   d   e

4.)

a   b   c   d   e

Ist der Satz eine Tatsache oder eine Meinung?

5.) Lernen ist ein Leben lang möglich.

6.) Übermäßige Arbeitszeiten sowie übermäßige Ernährung gefährden die Gesundheit.

In der oberen Reihe sind zwei Objektpaare vorhanden. Das erste Objektpaar ist nach einer bestimmten Regel aufgebaut. Diese Regel gilt auch für das zweite Objektpaar. In der unteren Reihe werden Ihnen fünf Figuren zur Auswahl angeboten. Sie sollten herausfinden, welche der fünf Figuren anstelle des Fragezeichens eingesetzt werden muss.

7.)

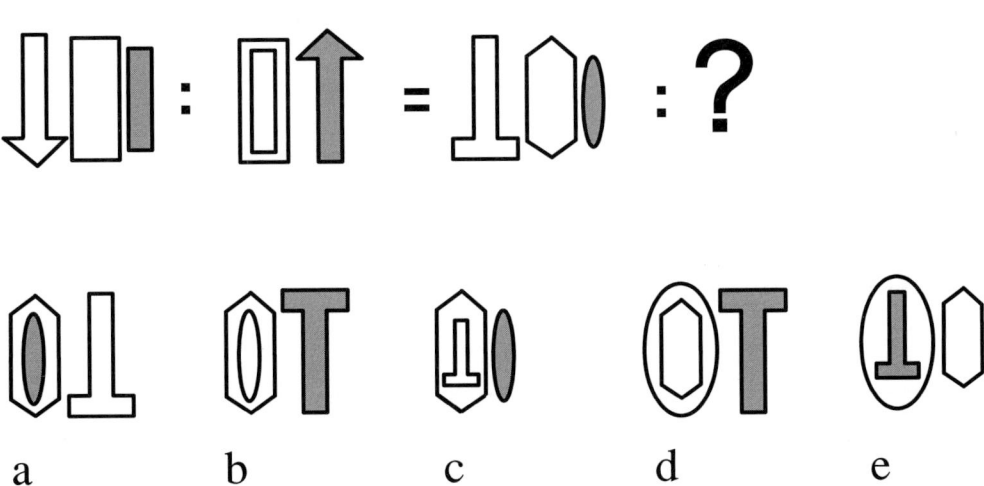

a   b   c   d   e

Lösen Sie die folgende Rechenaufgabe.

8.) 40 kg Äpfel sind in zwei Kisten verpackt. In einer Kiste sind es 6 kg weniger. Wie viel kg Äpfel gibt es in der kleineren Kiste?

Welche Figur passt jeweils nicht zu den anderen?

9.)

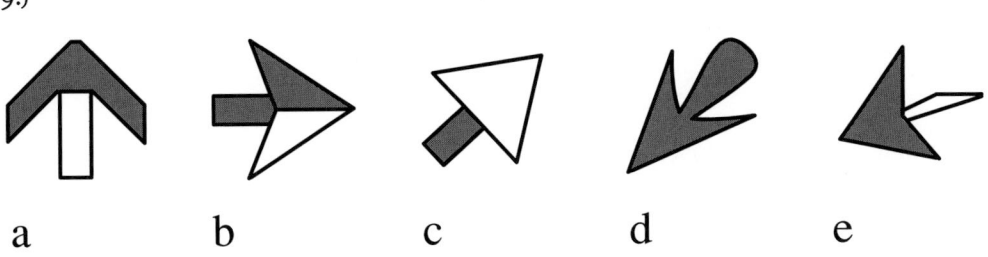

a   b   c   d   e

Fünf Wörter werden Ihnen vorgegeben. Sie sollen herausfinden, welches Wort nicht in die Gruppe gehört.

10.)
a) Nebel   b) Regen   c) Graupel   d) Schnee   e) Hagel

Nehmen Sie an, die ersten Sätze sind wahr. Ist dann die jeweilige Schlussfolgerung richtig oder falsch?

11.) Es gibt weiße und farbige Süßwasserzuchtperlen. Einige runde Süßwasserzuchtperlen sind farbig. Also sind Süßwasserzuchtperlen in anderen Farben auch rund.

Welche Figur a bis e passt als Einzige in das freie Kästchen mit dem Fragezeichen und ergänzt die anderen logisch?

12.)

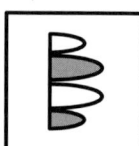  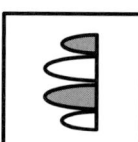 

   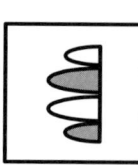 

a   b   c   d   e

Fünf Wörter werden Ihnen vorgegeben. Sie sollen die beiden Wörter herausfinden, für die es einen gemeinsamen Oberbegriff gibt. Versuchen Sie immer die wesentliche Gemeinsamkeit zu finden.

13.)
a) Fenster   b) Boden   c) Parkett   d) Treppe   e) Decke

14.)
a) Zeitung   b) Aktentasche   c) Buch   d) Radiergummi   e) Schal

Aufgabenblock 19		1	2	3	4	5	6	7
		8	9	10	11	12	13	14
	Gelöst in: _____ Minuten	15	16	17	18	19	20	21
		22	23	24	25	26	27	28
Datum: _____	Punkte: _____ von 14	29	30					

Die Aufgaben bestehen aus Sätzen, bei denen jeweils ein Wort fehlt. Für jeden der Sätze werden Ihnen fünf Lösungsmöglichkeiten vorgeschlagen. Sie sollen ein Wort auswählen, welches den Satz richtig vervollständigt.

1.) ... ist ein in der Schifffahrt verwendetes Gerät zur elektroakustischen Messung von Wassertiefen.
a) Ein Tachometer   b) Ein Kompass   c) Ein Thermometer   d) Ein Echolot   e) Ein Rollmeter

2.) Synagoge ist das Gotteshaus der ... .
a) Inder   b) Japaner   c) Brasilianer   d) Juden   e) Araber

Suchen Sie bei den folgenden Aufgaben immer diejenige Figur heraus, die nur durch Spiegeln/Umklappen mit den anderen zur Deckung gebracht werden kann.

3.)

    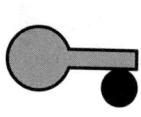

a   b   c   d   e

4.)

a   b   c   d   e

Ist der Satz eine Tatsache oder eine Meinung?

5.) Der Mensch wird geboren, um zu leben, und nicht, um sich auf das Leben vorzubereiten.

6.) Die Kosten für die Lebenshaltung (Miete, Strom, Telefon, Lebensmittel) gelten als Ausgaben der privaten Lebensführung und können deshalb steuerlich nicht geltend gemacht werden.

In der oberen Reihe sind zwei Objektpaare vorhanden. Das erste Objektpaar ist nach einer bestimmten Regel aufgebaut. Diese Regel gilt auch für das zweite Objektpaar. In der unteren Reihe werden Ihnen fünf Figuren zur Auswahl angeboten. Sie sollten herausfinden, welche der fünf Figuren anstelle des Fragezeichens eingesetzt werden muss.

7.)

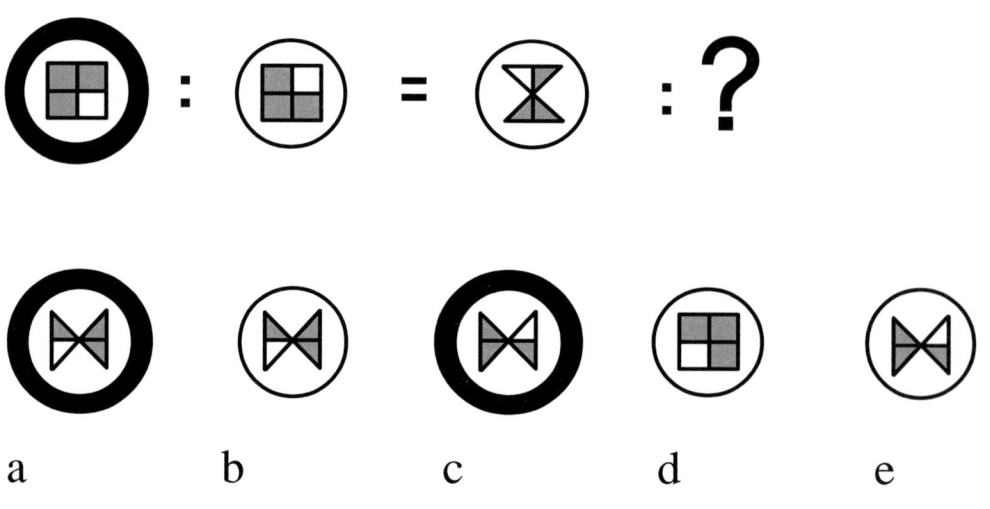

Lösen Sie die folgende Rechenaufgabe.

8.) Opa Uwe hat 5 Tabletten in seiner Dosierbox. Jede halbe Stunde soll er eine nehmen. Die erste nimmt er sofort. Wie lange reichen die Tabletten?

Welche Figur passt jeweils nicht zu den anderen?

9.)

a   b   c   d   e

Fünf Wörter werden Ihnen vorgegeben. Sie sollen herausfinden, welches Wort nicht in die Gruppe gehört.

10.)
a) Sanguiniker   b) Melancholiker   c) Temperament   d) Phlegmatiker   e) Choleriker

Nehmen Sie an, die ersten Sätze sind wahr. Ist dann die jeweilige Schlussfolgerung richtig oder falsch?

11.) Ratten können alles fressen. Alle großen Mäuse sind Ratten und alle Füchse können schnell laufen, weil sie Ratten gern fressen. Deshalb können die großen Mäuse schnell laufen.

Welche Figur a bis e passt als Einzige in das freie Kästchen mit dem Fragezeichen und ergänzt die anderen logisch?

12.)

a   b   c   d   e

Fünf Wörter werden Ihnen vorgegeben. Sie sollen die beiden Wörter herausfinden, für die es einen gemeinsamen Oberbegriff gibt. Versuchen Sie immer die wesentliche Gemeinsamkeit zu finden.

13.)
a) Maske   b) Brille   c) Kontaktlinsen   d) Auge   e) Tattoo

14.)
a) Tisch   b) Radio   c) Kerze   d) Bett   e) Gabel

Aufgabenblock 20		1	2	3	4	5	6	7
		8	9	10	11	12	13	14
	Gelöst in: _____ Minuten	15	16	17	18	19	20	21
		22	23	24	25	26	27	28
Datum: _____	Punkte: _____ von 14	29	30					

Die Aufgaben bestehen aus Sätzen, bei denen jeweils ein Wort fehlt. Für jeden der Sätze werden Ihnen fünf Lösungsmöglichkeiten vorgeschlagen. Sie sollen ein Wort auswählen, welches den Satz richtig vervollständigt.

1.) ... macht es möglich, zu arbeiten und nebenher von zu Hause aus zu studieren.
a) Bildungsurlaub   b) Topgehalt   c) Doktorarbeit   d) Fernstudium   e) Familie

2.) Ein Fluss hat immer ... .
a) ein Ufer   b) Fische   c) Frösche   d) Schilf   e) Lotusblumen

Suchen Sie bei den folgenden Aufgaben immer diejenige Figur heraus, die nur durch Spiegeln/Umklappen mit den anderen zur Deckung gebracht werden kann.

3.)

a   b   c   d   e

4.)

a   b   c   d   e

Ist der Satz eine Tatsache oder eine Meinung?

5. Jeder Mensch braucht Freunde. Ohne menschliche Zuneigung vereinsamt man und das kann unter Umständen auch zum Tod führen.

6. Bildung ist mehr als Schule.

In der oberen Reihe sind zwei Objektpaare vorhanden. Das erste Objektpaar ist nach einer bestimmten Regel aufgebaut. Diese Regel gilt auch für das zweite Objektpaar. In der unteren Reihe werden Ihnen fünf Figuren zur Auswahl angeboten. Sie sollten herausfinden, welche der fünf Figuren anstelle des Fragezeichens eingesetzt werden muss.

7.)

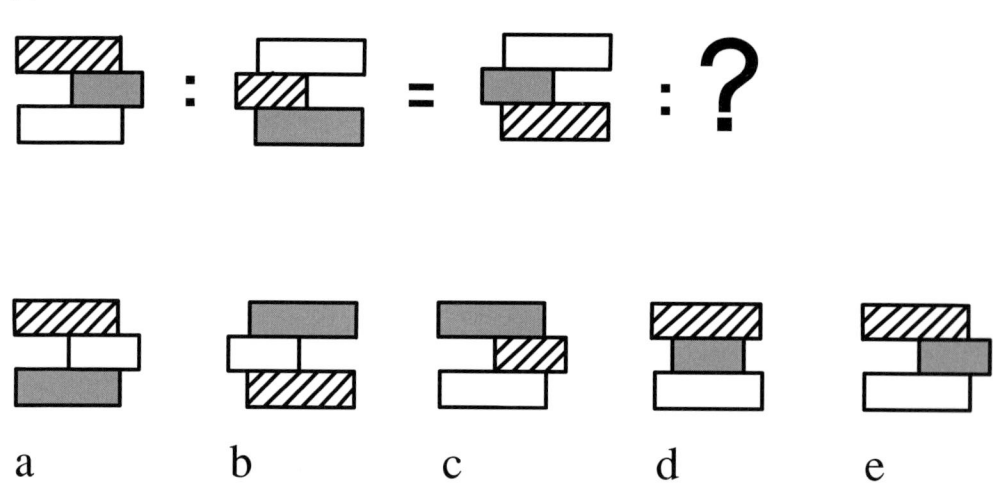

a   b   c   d   e

Lösen Sie die folgende Rechenaufgabe.

8.) Ein Krokodil hat einen 60 cm langen Kopf. Sein Schwanz ist doppelt so groß wie der Kopf. Der Rumpf hat die Größe des Kopfes plus des Schwanzes. Wie groß ist das Krokodil?

Welche Figur passt jeweils nicht zu den anderen?

9.)

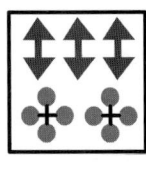
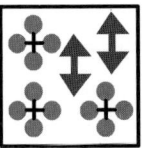
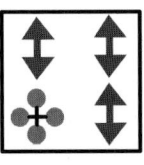
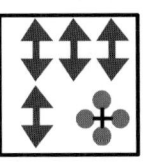
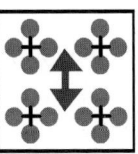

a   b   c   d   e

Fünf Wörter werden Ihnen vorgegeben. Sie sollen herausfinden, welches Wort nicht in die Gruppe gehört.

10.)
a) Anthologie   b) Bibliographie   c) Broschüre   d) Enzyklopädie   e) Chronik

Nehmen Sie an, die ersten Sätze sind wahr. Ist dann die jeweilige Schlussfolgerung richtig oder falsch?

11.) In einer Familie gibt es Großeltern. Sie gehen gern ins Kino. Also gehen alle Familienmitglieder gern ins Kino.

Welche Figur a bis e passt als Einzige in das freie Kästchen mit dem Fragezeichen und ergänzt die anderen logisch?

12.)

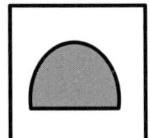
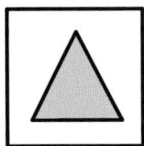
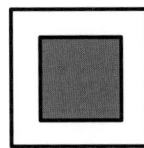

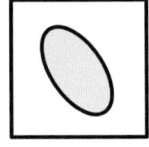
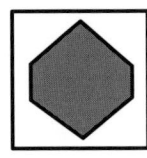
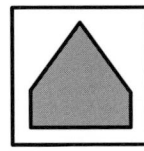
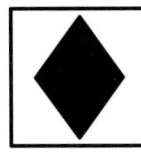
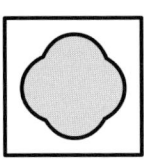

a   b   c   d   e

Fünf Wörter werden Ihnen vorgegeben. Sie sollen die beiden Wörter herausfinden, für die es einen gemeinsamen Oberbegriff gibt. Versuchen Sie immer die wesentliche Gemeinsamkeit zu finden.

13.)
a) Pullover   b) Mütze   c) Armband   d) Stiefel   e) Pumps

14.)
a) Ferkel   b) Welpe   c) Huhn   d) Pferd   e) Katze

Aufgabenblock 21		1	2	3	4	5	6	7
		8	9	10	11	12	13	14
		15	16	17	18	19	20	21
	Gelöst in: ____ Minuten	22	23	24	25	26	27	28
Datum: _____	Punkte: _____ von 14	29	30					

Die Aufgaben bestehen aus Sätzen, bei denen jeweils ein Wort fehlt. Für jeden der Sätze werden Ihnen fünf Lösungsmöglichkeiten vorgeschlagen. Sie sollen ein Wort auswählen, welches den Satz richtig vervollständigt.

1.) Die Summe von zwei natürlichen Zahlen kann niemals ... sein.
a) negativ   b) durch 3 teilbar   c) Null   d) kleiner als 3   e) eine Primzahl

2.) Wege entstehen dadurch, dass man sie ... .
a) entdeckt   b) baut   c) geht   d) auswählt   e) zeigt

Suchen Sie bei den folgenden Aufgaben immer diejenige Figur heraus, die nur durch Spiegeln/Umklappen mit den anderen zur Deckung gebracht werden kann.

3.)

a   b   c   d   e

4.)

   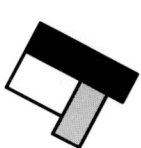   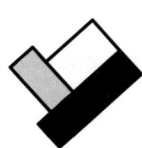      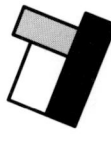

a   b   c   d   e

Ist der Satz eine Tatsache oder eine Meinung?

5.) Die Menschenwürde kann dem Menschen nicht genommen werden.

6.) Ein Mann kann jeder Frau mit Blumen eine Freude machen.

In der oberen Reihe sind zwei Objektpaare vorhanden. Das erste Objektpaar ist nach einer bestimmten Regel aufgebaut. Diese Regel gilt auch für das zweite Objektpaar. In der unteren Reihe werden Ihnen fünf Figuren zur Auswahl angeboten. Sie sollten herausfinden, welche der fünf Figuren anstelle des Fragezeichens eingesetzt werden muss.

7.)

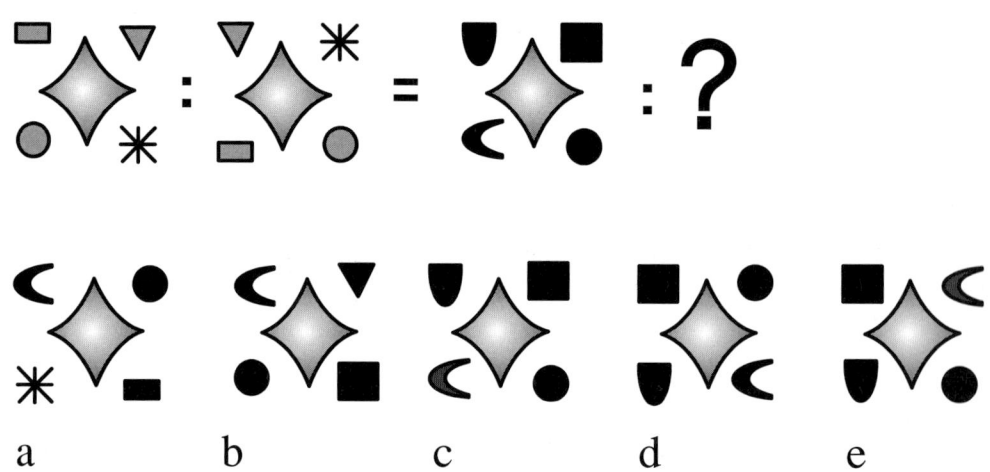

a b c d e

Lösen Sie die folgende Rechenaufgabe.

8.) Ein quadratischer Ferienhaus soll eingezäunt werden. Man benötigt dazu 12 Pfähle, die in gleichmäßigem Abstand in den Boden geschlagen werden sollen. Wie viele Pfähle müssen an einer Seite stehen?

Welche Figur passt jeweils nicht zu den anderen?

9.)

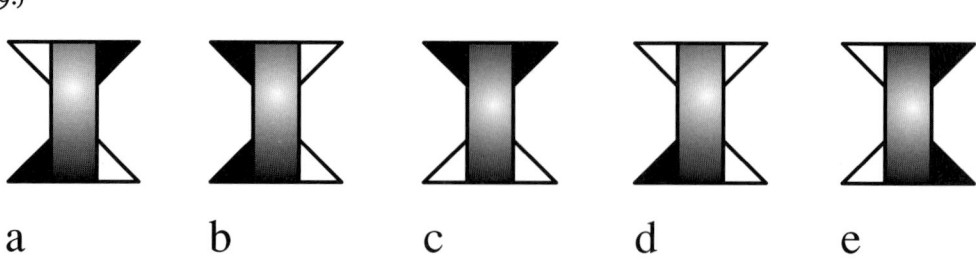

a b c d e

Fünf Wörter werden Ihnen vorgegeben. Sie sollen herausfinden, welches Wort nicht in die Gruppe gehört.

10.)
a) Lawine   b) Erdbeben   c) Tsunami   d) Wind   e) Tornado

Nehmen Sie an, die ersten Sätze sind wahr. Ist dann die jeweilige Schlussfolgerung richtig oder falsch?

11.) Ein Palästinensertuch ist ein quadratisches Tuch, das von Männern in der arabischen Welt als Kopftuch getragen wird. Es kann also von jedem ausschließlich auf dem Kopf getragen werden.

Welche Figur a bis e passt als Einzige in das freie Kästchen mit dem Fragezeichen und ergänzt die anderen logisch?

12.)

a   b   c   d   e

Fünf Wörter werden Ihnen vorgegeben. Sie sollen die beiden Wörter herausfinden, für die es einen gemeinsamen Oberbegriff gibt. Versuchen Sie immer die wesentliche Gemeinsamkeit zu finden.

13.)
a) Satz   b) Prolog   c) Artikel   d) Absatz   e) Epilog

14.)
a) Büroklammer   b) Bleistift   c) Kugelschreiber   d) Ordner   e) Klebstoff

Aufgabenblock 22		1	2	3	4	5	6	7
		8	9	10	11	12	13	14
		15	16	17	18	19	20	21
	Gelöst in: _____ Minuten	22	23	24	25	26	27	28
Datum: _____	Punkte: _____ von 14	29	30					

Die Aufgaben bestehen aus Sätzen, bei denen jeweils ein Wort fehlt. Für jeden der Sätze werden Ihnen fünf Lösungsmöglichkeiten vorgeschlagen. Sie sollen ein Wort auswählen, welches den Satz richtig vervollständigt.

1.) Die äußere Form der Verkehrszeichen weist auf eine bestimmte Bedeutung hin, wobei man bei den Straßenverkehrszeichen verschiedene Arten unterscheidet. Der „Kreis" deutet auf ... hin.
a) eine Vorschrift   b) ein Verbot   c) eine Gefahr   d) ein   e) eine Warnung
Stoppschild

2.) Der medizinische Begriff für Bluthochdruck ist ...
a) Diabetes   b) Schwindel   c) Hormonstörung   d) Hypertonie   e) Unverträglichkeit

Suchen Sie bei den folgenden Aufgaben immer diejenige Figur heraus, die nur durch Spiegeln/Umklappen mit den anderen zur Deckung gebracht werden kann.

3.)

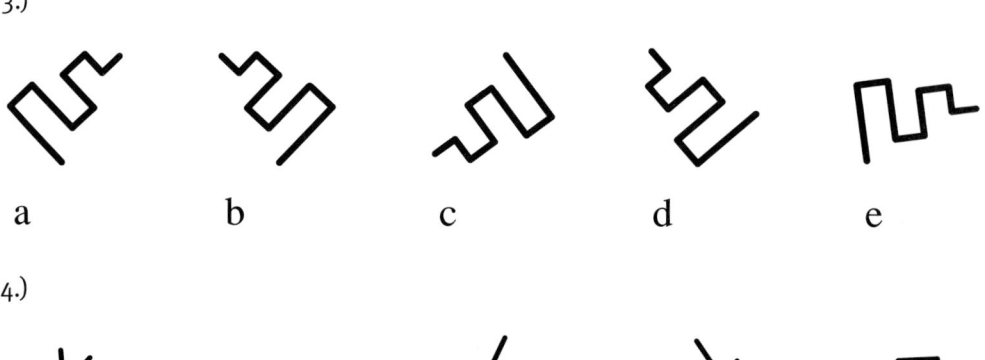

a   b   c   d   e

4.)

a   b   c   d   e

Ist der Satz eine Tatsache oder eine Meinung?

5.) Horoskope sagen immer die Wahrheit.

6.) Nicht jeder kann Gedichte schreiben.

In der oberen Reihe sind zwei Objektpaare vorhanden. Das erste Objektpaar ist nach einer bestimmten Regel aufgebaut. Diese Regel gilt auch für das zweite Objektpaar. In der unteren Reihe werden Ihnen fünf Figuren zur Auswahl angeboten. Sie sollten herausfinden, welche der fünf Figuren anstelle des Fragezeichens eingesetzt werden muss.

7.)

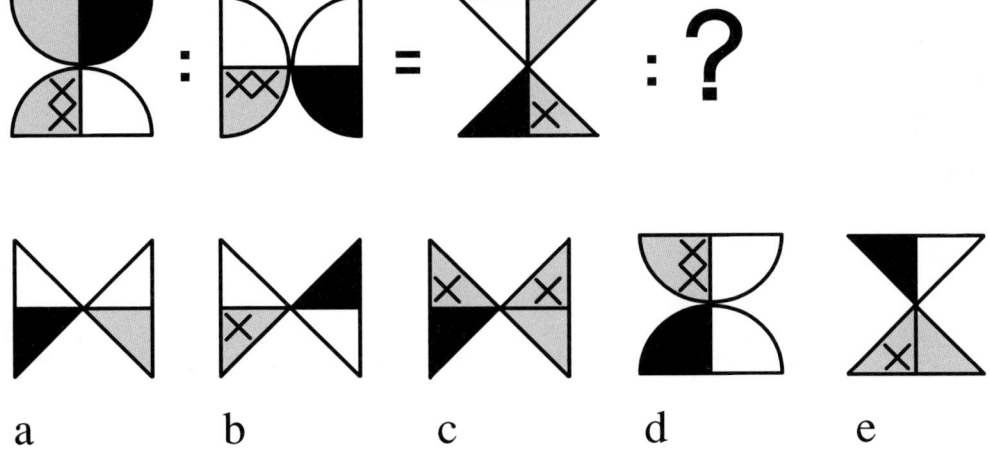

a   b   c   d   e

Lösen Sie die folgende Rechenaufgabe.

8.) Eine Hose kostet 50 Euro. Im Schlussverkauf wird der Preis um 20% gesenkt. Was kostet die Hose im Schlussverkauf?

Welche Figur passt jeweils nicht zu den anderen?

9.)

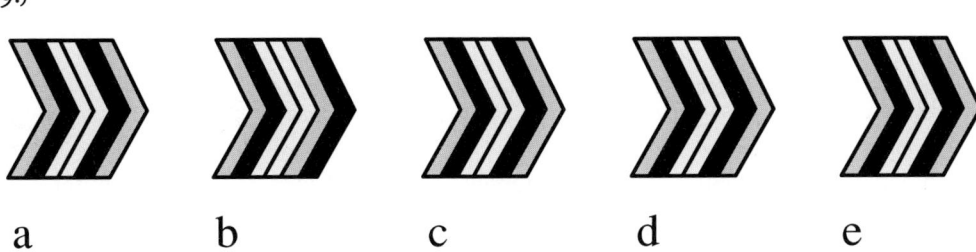

a   b   c   d   e

Fünf Wörter werden Ihnen vorgegeben. Sie sollen herausfinden, welches Wort nicht in die Gruppe gehört.

10.)
a) Kessel   b) Tasse   c) Eimer   d) Spiegel   e) Blumenvase

Nehmen Sie an, die ersten Sätze sind wahr. Ist dann die jeweilige Schlussfolgerung richtig oder falsch?

11.) Torsten spielt im Schultheater. Seine Oma näht die meisten Kostüme für ihren Enkel. Deshalb engagiert sich auch die Oma im Schultheater.

Welche Figur a bis e passt als Einzige in das freie Kästchen mit dem Fragezeichen und ergänzt die anderen logisch?

12.)

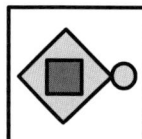  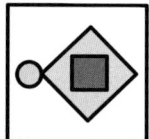 

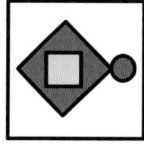 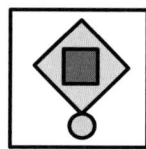 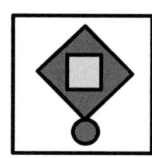 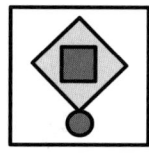 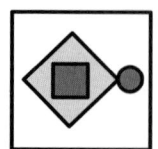

a   b   c   d   e

Fünf Wörter werden Ihnen vorgegeben. Sie sollen die beiden Wörter herausfinden, für die es einen gemeinsamen Oberbegriff gibt. Versuchen Sie immer die wesentliche Gemeinsamkeit zu finden.

13.)
a) Rucksack   b) Tasche   c) Hülle   d) Geldbörse   e) Ausweis

14.)
a) Geldanlage   b) Dokument   c) Medaille   d) Münze   e) Computer

Aufgabenblock 23		1	2	3	4	5	6	7
		8	9	10	11	12	13	14
		15	16	17	18	19	20	21
	Gelöst in: ____ Minuten	22	23	24	25	26	27	28
Datum: _____	Punkte: _____ von 14	29	30					

Die Aufgaben bestehen aus Sätzen, bei denen jeweils ein Wort fehlt. Für jeden der Sätze werden Ihnen fünf Lösungsmöglichkeiten vorgeschlagen. Sie sollen ein Wort auswählen, welches den Satz richtig vervollständigt.

1.) Schlafmangel macht ... .
a) dick   b) weise   c) älter   d) schlau   e) unzufrieden

2.) ... übertragen zum Teil todbringende Krankheiten.
a) Libellen   b) Zecken   c) Katzen   d) Würmer   e) Meerschweinchen

Suchen Sie bei den folgenden Aufgaben immer diejenige Figur heraus, die nur durch Spiegeln/Umklappen mit den anderen zur Deckung gebracht werden kann.

3.)

a   b   c   d   e

4.)

a   b   c   d   e

Ist der Satz eine Tatsache oder eine Meinung?

5.) Zur falschen Zeit am falschen Ort zu sein ist es Schicksal.

6.) Eine Pflanze ist ein Lebewesen.

In der oberen Reihe sind zwei Objektpaare vorhanden. Das erste Objektpaar ist nach einer bestimmten Regel aufgebaut. Diese Regel gilt auch für das zweite Objektpaar. In der unteren Reihe werden Ihnen fünf Figuren zur Auswahl angeboten. Sie sollten herausfinden, welche der fünf Figuren anstelle des Fragezeichens eingesetzt werden muss.

7.)

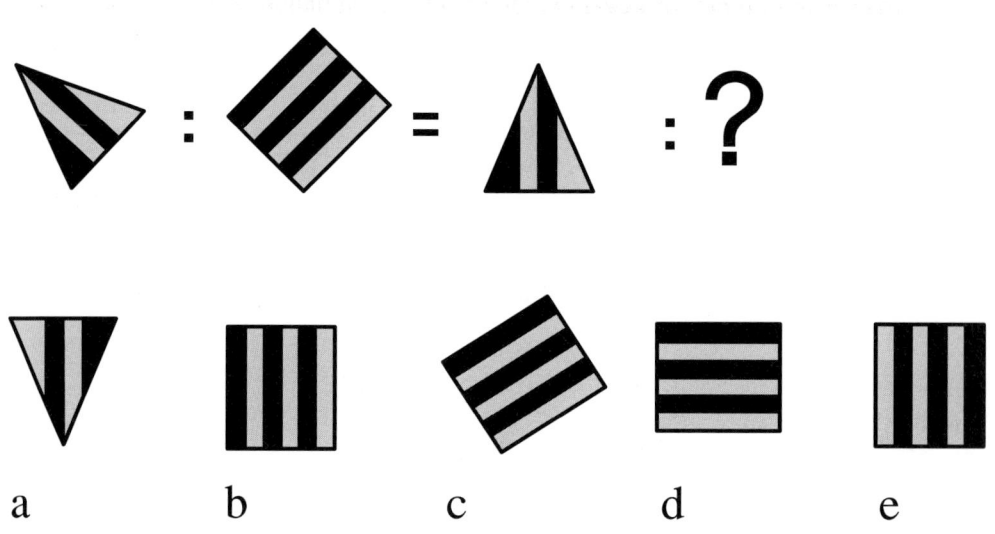

a   b   c   d   e

Lösen Sie die folgende Rechenaufgabe.

8.) Familie Schmidt hat einen Kostenplan erstellt. Von den 2000 Euro, die monatlich zur Verfügung stehen, werden 450 Euro für Lebensmittel und 800 Euro für andere Zwecke ausgegeben. Wie viel Geld bleibt übrig?

Welche Figur passt jeweils nicht zu den anderen?

9.)

  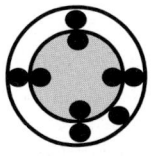 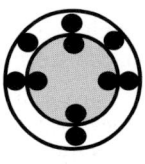

a   b   c   d   e

Fünf Wörter werden Ihnen vorgegeben. Sie sollen herausfinden, welches Wort nicht in die Gruppe gehört.

10.)
a) Erfassung   b) Kenntnis   c) Verständnis   d) Durchblick   e) Mitgefühl

Nehmen Sie an, die ersten Sätze sind wahr. Ist dann die jeweilige Schlussfolgerung richtig oder falsch?

11.) Nicht alle Mitglieder der Familie Müller haben blaue Augen. Da Ina zur Familie Müller gehört, sind ihre Augen definitiv blau.

Welche Figur a bis e passt als Einzige in das freie Kästchen mit dem Fragezeichen und ergänzt die anderen logisch?

12.)

  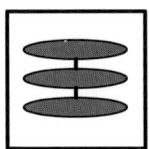 

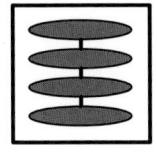 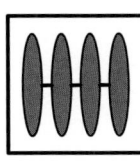  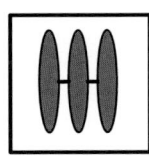 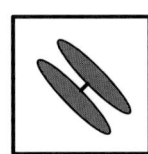

a   b   c   d   e

Fünf Wörter werden Ihnen vorgegeben. Sie sollen die beiden Wörter herausfinden, für die es einen gemeinsamen Oberbegriff gibt. Versuchen Sie immer die wesentliche Gemeinsamkeit zu finden.

13.)
a) Seestern   b) Seepferdchen   c) Algen   d) Stör   e) Hering

14.)
a) Verwandte   b) Mutter   c) Dynastie   d) Tante   e) Schüler

Aufgabenblock 24		1	2	3	4	5	6	7
		8	9	10	11	12	13	14
		15	16	17	18	19	20	21
	Gelöst in: _____ Minuten	22	23	24	25	26	27	28
Datum: _____	Punkte: _____ von 14	29	30					

Die Aufgaben bestehen aus Sätzen, bei denen jeweils ein Wort fehlt. Für jeden der Sätze werden Ihnen fünf Lösungsmöglichkeiten vorgeschlagen. Sie sollen ein Wort auswählen, welches den Satz richtig vervollständigt.

1.) In einer fremden Stadt übernachtet man gewöhnlich in einem ... .
a) Krankenhaus   b) Hotel   c) Bahnhof   d) Auto   e) Studentenheim

2.) Bei einem Schlussverkauf gibt es ... .
a) Schlangen   b) Feuerwerk   c) Begeisterung   d) Sekt   e) Schnäppchen

Suchen Sie bei den folgenden Aufgaben immer diejenige Figur heraus, die nur durch Spiegeln/Umklappen mit den anderen zur Deckung gebracht werden kann.

3.)

a   b   c   d   e

4.)

a   b   c   d   e

Ist der Satz eine Tatsache oder eine Meinung?

5.) Im ehrenamtlichen Engagement übernimmt man gesellschaftliche Verantwortung.

6.) Lesen macht schlau.

In der oberen Reihe sind zwei Objektpaare vorhanden. Das erste Objektpaar ist nach einer bestimmten Regel aufgebaut. Diese Regel gilt auch für das zweite Objektpaar. In der unteren Reihe werden Ihnen fünf Figuren zur Auswahl angeboten. Sie sollten herausfinden, welche der fünf Figuren anstelle des Fragezeichens eingesetzt werden muss.

7.)

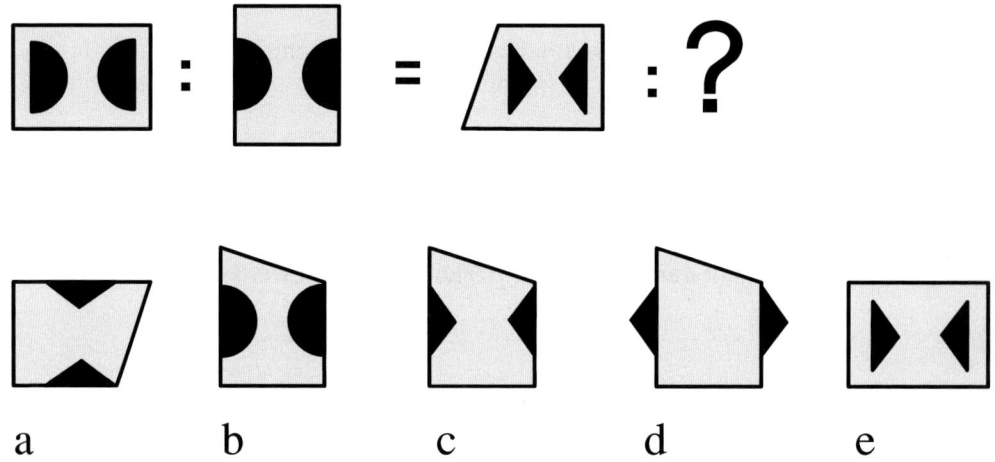

a   b   c   d   e

Lösen Sie die folgende Rechenaufgabe.

8.) In einer Haushalt leben Wellensittiche und Katzen. Insgesamt sind es 5 Köpfe und 14 Füße. Wie viele Wellensittiche und wie viele Katzen gibt es?

Welche Figur passt jeweils nicht zu den anderen?

9.)

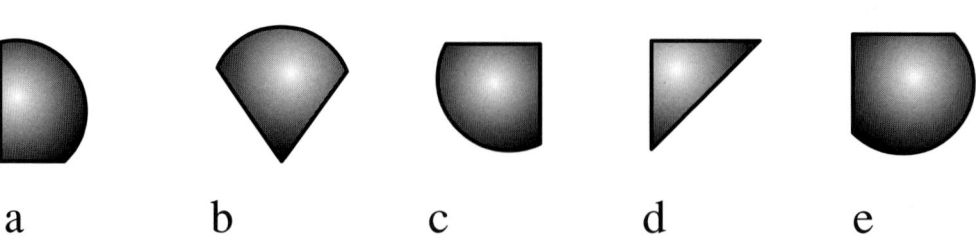

a   b   c   d   e

Fünf Wörter werden Ihnen vorgegeben. Sie sollen herausfinden, welches Wort nicht in die Gruppe gehört.

10.)
a) Schwalbe   b) Spatz   c) Buntspecht   d) Rotkehlchen   e) Falke

Nehmen Sie an, die ersten Sätze sind wahr. Ist dann die jeweilige Schlussfolgerung richtig oder falsch?

11.) Die Farbe des Hühnereis ist genetisch bedingt und hängt allein von der Hühnerrasse ab. Hühner mit weißen Ohrlappen legen meist weiße Eier, solche mit roten Ohrlappen dagegen meist braunschalige. Deshalb ist von einem Huhn mit weißen Ohrlappen ein braunes Ei zu erwarten.

Welche Figur a bis e passt als Einzige in das freie Kästchen mit dem Fragezeichen und ergänzt die anderen logisch?

12.)

a   b   c   d   e

Fünf Wörter werden Ihnen vorgegeben. Sie sollen die beiden Wörter herausfinden, für die es einen gemeinsamen Oberbegriff gibt. Versuchen Sie immer die wesentliche Gemeinsamkeit zu finden.

13.)
a) tanzen   b) laufen   c) entspannen   d) schaukeln   e) chillen

14.)
a) Gans   b) Wildente   c) Schwan   d) Huhn   e) Pute

Aufgabenblock 25		1	2	3	4	5	6	7
		8	9	10	11	12	13	14
	Gelöst in: _____ Minuten	15	16	17	18	19	20	21
		22	23	24	25	26	27	28
Datum: _____	Punkte: _____ von 14	29	30					

Die Aufgaben bestehen aus Sätzen, bei denen jeweils ein Wort fehlt. Für jeden der Sätze werden Ihnen fünf Lösungsmöglichkeiten vorgeschlagen. Sie sollen ein Wort auswählen, welches den Satz richtig vervollständigt.

1.) Ein Segelschiff lässt sich unter Zuhilfenahme eines Segels von ... vorantreiben.
a) dem Wind   b) Rudern   c) dem Motor   d) dem Steuerrad   e) dem Kapitän

2.) Wenn man etwas zusammenbauen will, liest man gewöhnlich eine ... .
a) Zeitschrift   b) Lektüre   c) Anleitung   d) Notiz   e) Werbung

Suchen Sie bei den folgenden Aufgaben immer diejenige Figur heraus, die nur durch Spiegeln/Umklappen mit den anderen zur Deckung gebracht werden kann.

3.)

a   b   c   d   e

4.)

            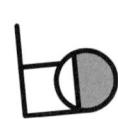

a   b   c   d   e

Ist der Satz eine Tatsache oder eine Meinung?

5.) Viel Wasser trinken ist gesund.

6.) Ein Bart macht Männer attraktiver.

In der oberen Reihe sind zwei Objektpaare vorhanden. Das erste Objektpaar ist nach einer bestimmten Regel aufgebaut. Diese Regel gilt auch für das zweite Objektpaar. In der unteren Reihe werden Ihnen fünf Figuren zur Auswahl angeboten. Sie sollten herausfinden, welche der fünf Figuren anstelle des Fragezeichens eingesetzt werden muss.

7.)

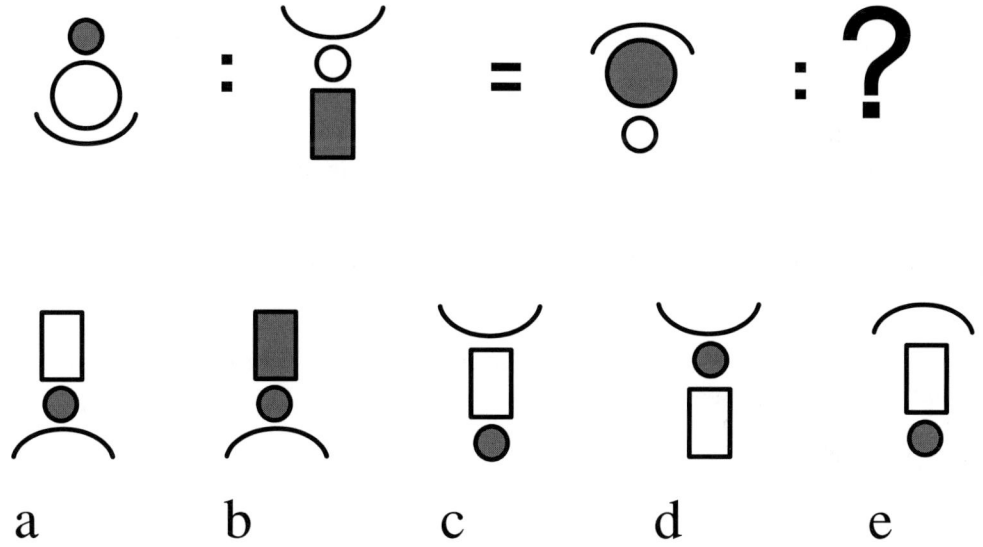

a   b   c   d   e

Lösen Sie die folgende Rechenaufgabe.

8.) In ein Glas, das maximal 250 ml Flüssigkeit enthalten kann, werden 200 ml Wasser eingeschenkt. Nachdem Paul 50 ml davon getrunken hat, wird das Glas bis zum Rand mit Wasser ausgefüllt. Wie viel ml Wasser musste man nachgießen?

Welche Figur passt jeweils nicht zu den anderen?

9.)

a   b   c   d   e

Fünf Wörter werden Ihnen vorgegeben. Sie sollen herausfinden, welches Wort nicht in die Gruppe gehört.

10.)

a) Eis   b) Pralinen   c) Frikadellen   d) Kuchen   e) Marmelade

Nehmen Sie an, die ersten Sätze sind wahr. Ist dann die jeweilige Schlussfolgerung richtig oder falsch?

11.) Alle Artikel in Zeitungen haben Überschriften. Einige Überschriften sind farbig. Also sind einige Zeitungen farbig.

Welche Figur a bis e passt als Einzige in das freie Kästchen mit dem Fragezeichen und ergänzt die anderen logisch?

12.)

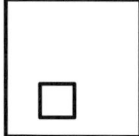 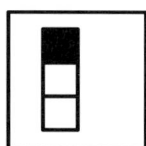 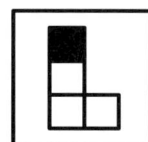 

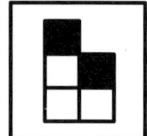 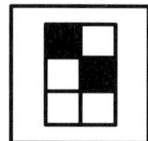 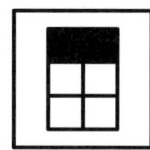  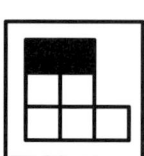

a   b   c   d   e

Fünf Wörter werden Ihnen vorgegeben. Sie sollen die beiden Wörter herausfinden, für die es einen gemeinsamen Oberbegriff gibt. Versuchen Sie immer die wesentliche Gemeinsamkeit zu finden.

13.)
a) Armbanduhr   b) Gedicht   c) Berg   d) Sportler   e) Lied

14.)
a) Gabel   b) Tasse   c) Wasser   d) Glas   e) Tischdecke

Aufgabenblock 26		1	2	3	4	5	6	7
		8	9	10	11	12	13	14
		15	16	17	18	19	20	21
	Gelöst in: _____ Minuten	22	23	24	25	26	27	28
Datum: _____	Punkte: _____ von 14	29	30					

Die Aufgaben bestehen aus Sätzen, bei denen jeweils ein Wort fehlt. Für jeden der Sätze werden Ihnen fünf Lösungsmöglichkeiten vorgeschlagen. Sie sollen ein Wort auswählen, welches den Satz richtig vervollständigt.

1.) Damit Gartenpflanzen den ganzen Sommer über üppig blühen, muss man sie richtig ... .
a) mögen   b) wässern   c) umtopfen   d) umstellen   e) schneiden

2.) Die schnelle Gewichtszunahme nach einer Diät bezeichnet man als ... .
a) Jo-Jo-Effekt   b) Lipozene   c) Obesitas   d) Adipositas   e) Stoffwechselstörung

Suchen Sie bei den folgenden Aufgaben immer diejenige Figur heraus, die nur durch Spiegeln/Umklappen mit den anderen zur Deckung gebracht werden kann.

3.)

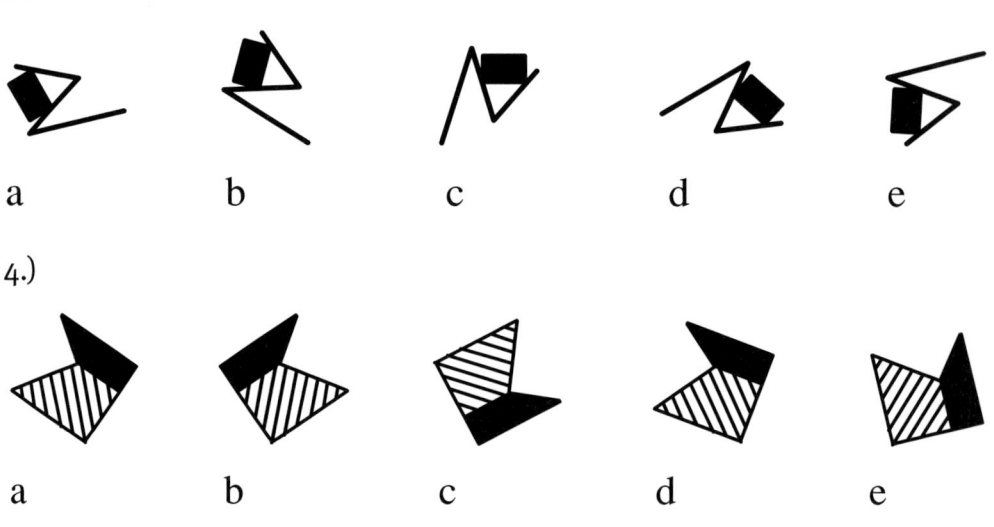

a   b   c   d   e

4.)

a   b   c   d   e

Ist der Satz eine Tatsache oder eine Meinung?

5.) Kriege sind notwendig, um Frieden zu erhalten.

6.) Wem es nur ums Geld geht, der verliert den Zugang zu seinen Gefühlen.

In der oberen Reihe sind zwei Objektpaare vorhanden. Das erste Objektpaar ist nach einer bestimmten Regel aufgebaut. Diese Regel gilt auch für das zweite Objektpaar. In der unteren Reihe werden Ihnen fünf Figuren zur Auswahl angeboten. Sie sollten herausfinden, welche der fünf Figuren anstelle des Fragezeichens eingesetzt werden muss.

7.)

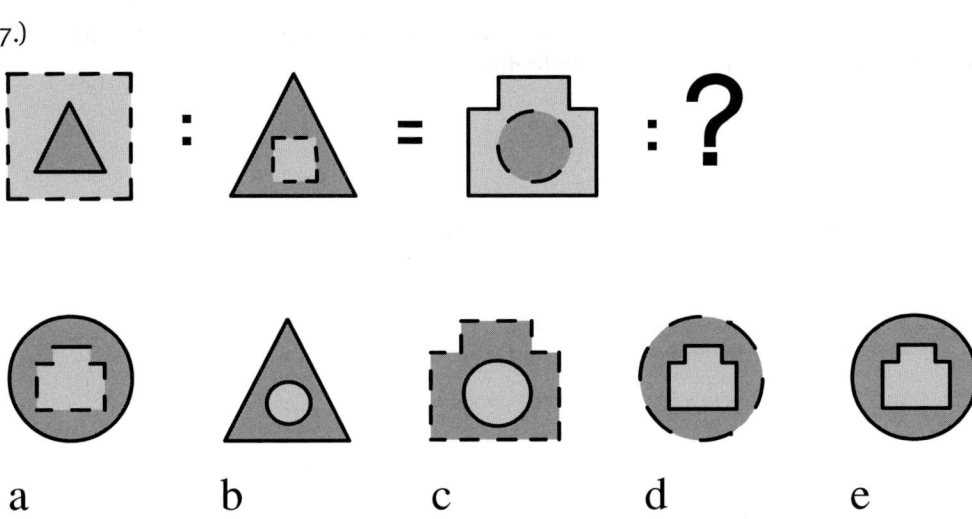

Lösen Sie die folgende Rechenaufgabe.

8.) Herr Schmidt fährt nach München mit seinem Auto. Eine Strecke von 700 km fährt er mit einer Durchschnittsgeschwindigkeit von 90 km pro Stunde. Wie weit ist er nach 5 Stunden von München entfernt?

Welche Figur passt jeweils nicht zu den anderen?

9.)

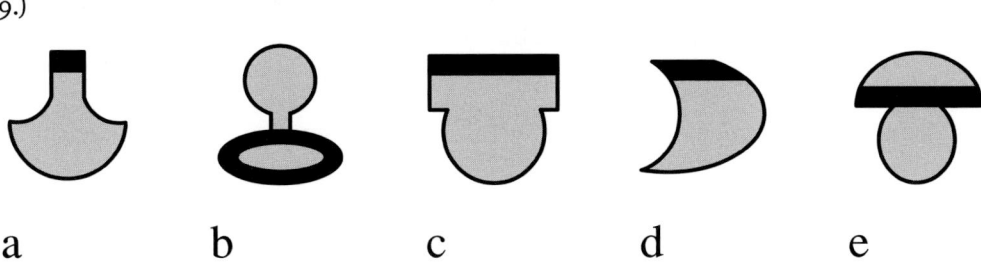

Fünf Wörter werden Ihnen vorgegeben. Sie sollen herausfinden, welches Wort nicht in die Gruppe gehört.

10.)
a) Untersetzer   b) Stuhl   c) Bett   d) Regal   e) Schrank

Nehmen Sie an, die ersten Sätze sind wahr. Ist dann die jeweilige Schlussfolgerung richtig oder falsch?

11.) Alle Flugzeuge sind groß und sie können hoch fliegen. Manche Luftballons fliegen auch hoch. Deshalb sind manche Luftballons groß.

Welche Figur a bis e passt als Einzige in das freie Kästchen mit dem Fragezeichen und ergänzt die anderen logisch?

12.)

a   b   c   d   e

Fünf Wörter werden Ihnen vorgegeben. Sie sollen die beiden Wörter herausfinden, für die es einen gemeinsamen Oberbegriff gibt. Versuchen Sie immer die wesentliche Gemeinsamkeit zu finden.

13.)
a) Strafzettel   b) Pokal   c) Plakette   d) Wertmarke   e) Prämie

14.)
a) China   b) Europa   c) Japan   d) Asien   e) Frankreich

Aufgabenblock 27		1	2	3	4	5	6	7
		8	9	10	11	12	13	14
	Gelöst in: _____ Minuten	15	16	17	18	19	20	21
		22	23	24	25	26	27	28
Datum: _____	Punkte: _____ von 14	29	30					

Die Aufgaben bestehen aus Sätzen, bei denen jeweils ein Wort fehlt. Für jeden der Sätze werden Ihnen fünf Lösungsmöglichkeiten vorgeschlagen. Sie sollen ein Wort auswählen, welches den Satz richtig vervollständigt.

1.) Es gibt viele Echsen, die diese Fähigkeit besitzen, ihren Verfolgern zu entkommen, indem sie sie durch Abwerfen ... täuschen.
a) vom Gift   b) der Haut   c) der Zahne   d) vom Schwanz   e) des Futters

2.) Bei ... werden Abfallprodukte wiederverwertet bzw. deren Ausgangsmaterialien werden zu Sekundärrohstoffen.
a) der Müll-   b) der   c) dem   d) der   e) dem
   verbrennung   Entsorgung   Recycling   Reparatur   Transport

Suchen Sie bei den folgenden Aufgaben immer diejenige Figur heraus, die nur durch Spiegeln/Umklappen mit den anderen zur Deckung gebracht werden kann.

3.)

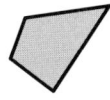 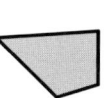   

a   b   c   d   e

4.)

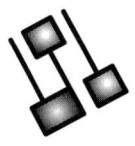 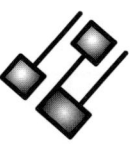 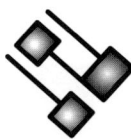 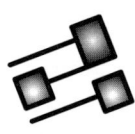 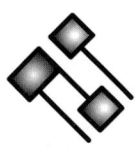

a   b   c   d   e

Ist der Satz eine Tatsache oder eine Meinung?

5.) Frauen können besser als Männer Schmerz aushalten.

6.) Je älter man wird, desto schneller vergeht die Zeit.

In der oberen Reihe sind zwei Objektpaare vorhanden. Das erste Objektpaar ist nach einer bestimmten Regel aufgebaut. Diese Regel gilt auch für das zweite Objektpaar. In der unteren Reihe werden Ihnen fünf Figuren zur Auswahl angeboten. Sie sollten herausfinden, welche der fünf Figuren anstelle des Fragezeichens eingesetzt werden muss.

7.)

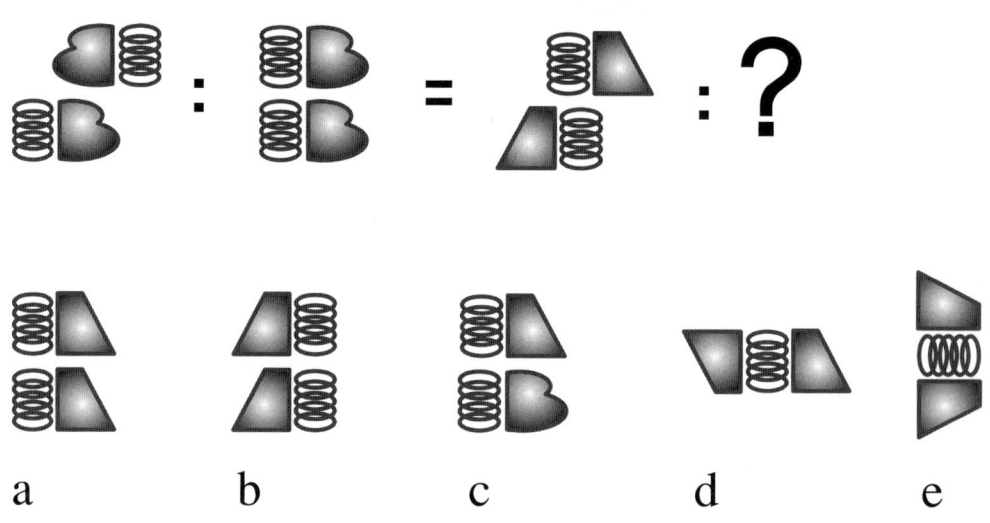

a   b   c   d   e

Lösen Sie die folgende Rechenaufgabe.

8.) Miriam verdient nach einer 20-prozentigen Gehaltserhöhung 1800 Euro im Monat. Wie viel hat sie vorher verdient?

Welche Figur passt jeweils nicht zu den anderen?

9.)

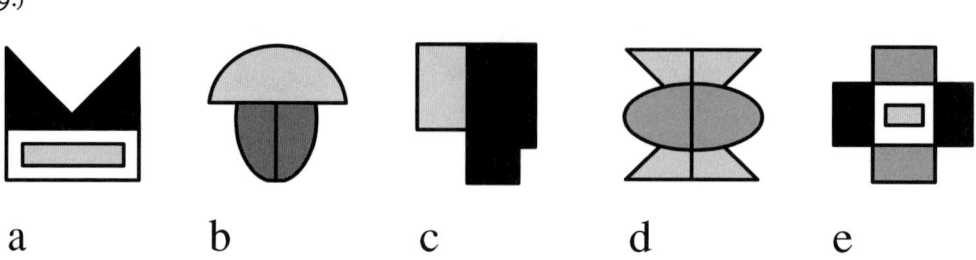

a   b   c   d   e

Fünf Wörter werden Ihnen vorgegeben. Sie sollen herausfinden, welches Wort nicht in die Gruppe gehört.

10.)
a) Karate   b) Minigolf   c) Kung Fu   d) Aikido   e) Kickboxen

Nehmen Sie an, die ersten Sätze sind wahr. Ist dann die jeweilige Schlussfolgerung richtig oder falsch?

11.) Alle Buletten sind aus Fleisch. Manche mögen kein Fleisch. Also mögen manche auch keine Buletten.

Welche Figur a bis e passt als Einzige in das freie Kästchen mit dem Fragezeichen und ergänzt die anderen logisch?

12.)

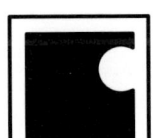  

a   b   c   d   e

Fünf Wörter werden Ihnen vorgegeben. Sie sollen die beiden Wörter herausfinden, für die es einen gemeinsamen Oberbegriff gibt. Versuchen Sie immer die wesentliche Gemeinsamkeit zu finden.

13.)
a) Portemonnaie   b) Perlenkette   c) Spiegel   d) Goldring   e) Kamm

14.)
a) Ameise   b) Fliege   c) Schlange   d) Seestern   e) Hamster

Aufgabenblock 28

1	2	3	4	5	6	7
8	9	10	11	12	13	14
15	16	17	18	19	20	21
22	23	24	25	26	27	28
29	30					

Gelöst in: _____ Minuten

Datum: _____

Punkte: _____ von 14

Die Aufgaben bestehen aus Sätzen, bei denen jeweils ein Wort fehlt. Für jeden der Sätze werden Ihnen fünf Lösungsmöglichkeiten vorgeschlagen. Sie sollen ein Wort auswählen, welches den Satz richtig vervollständigt.

1.) Mit jeder Berührung der Glockenwand bringt ... die Glocke zum Klingen.
a) der Schlagton   b) der Klöppel   c) die Krone   d) der Glockenstuhl   e) das Seil

2.) Die Pauschalgebühr für eine Internet- oder Telefonverbindung nennt man ... .
a) Flatrate   b) Internetbörse   c) Depot   d) Pauschale   e) Ranking

Suchen Sie bei den folgenden Aufgaben immer diejenige Figur heraus, die nur durch Spiegeln/Umklappen mit den anderen zur Deckung gebracht werden kann.

3.)

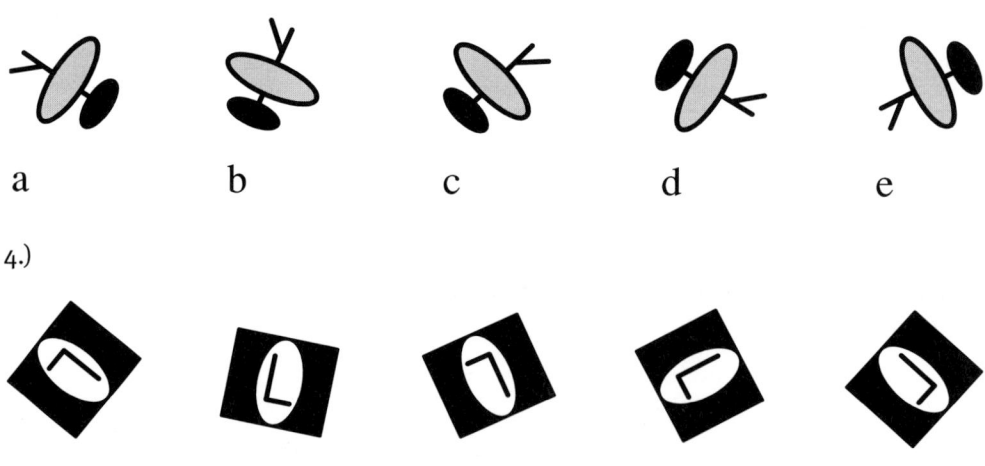

a   b   c   d   e

4.)

a   b   c   d   e

Ist der Satz eine Tatsache oder eine Meinung?

5.) In Deutschland verdienen Frauen durchschnittlich weniger Geld als Männer.

6.) Man sieht durch die Brille schlechter als mit Kontaktlinsen.

In der oberen Reihe sind zwei Objektpaare vorhanden. Das erste Objektpaar ist nach einer bestimmten Regel aufgebaut. Diese Regel gilt auch für das zweite Objektpaar. In der unteren Reihe werden Ihnen fünf Figuren zur Auswahl angeboten. Sie sollten herausfinden, welche der fünf Figuren anstelle des Fragezeichens eingesetzt werden muss.

7.)

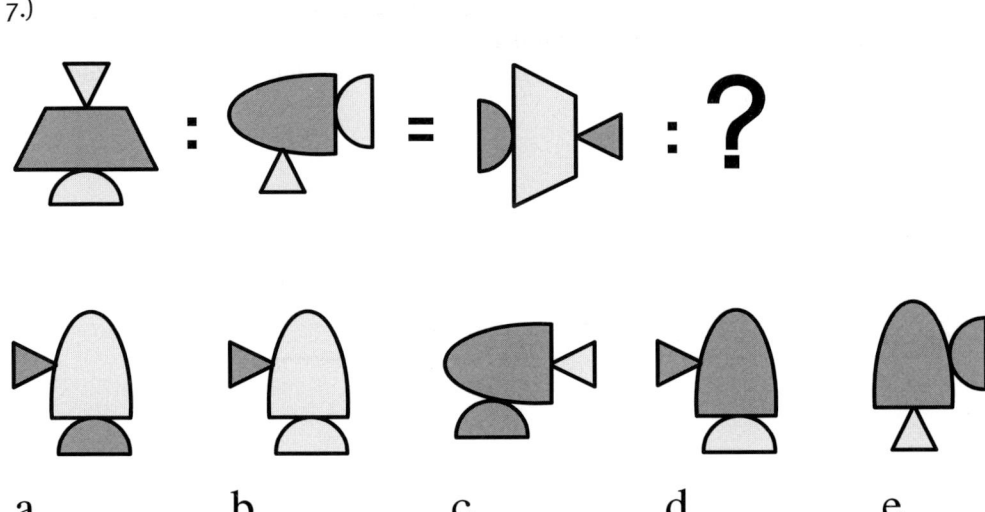

   a   b   c   d   e

Lösen Sie die folgende Rechenaufgabe.

8.) Opa Kai hat 12 Enkelkinder. Die Hälfte aller Enkelkinder kann schwimmen. Ein Drittel davon hat ein Schwimmabzeichen. Wie viele Kinder haben ein Schwimmabzeichen?

Welche Figur passt jeweils nicht zu den anderen?

9.)

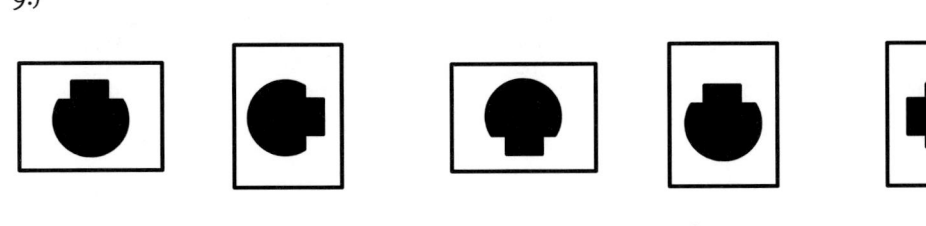

   a   b   c   d   e

Fünf Wörter werden Ihnen vorgegeben. Sie sollen herausfinden, welches Wort nicht in die Gruppe gehört.

10.)
a) Musik   b) Schlager   c) Chanson   d) Jazz   e) Disco

Nehmen Sie an, die ersten Sätze sind wahr. Ist dann die jeweilige Schlussfolgerung richtig oder falsch?

11.) Ein Elefant hat einen langen Rüssel, den er außerdem zum fressen von Pflanzen verwendet. Ein Ameisenbär hat ebenso einen langen Rüssel. Deshalb frisst er auch Pflanzen.

Welche Figur a bis e passt als Einzige in das freie Kästchen mit dem Fragezeichen und ergänzt die anderen logisch?

12.)

   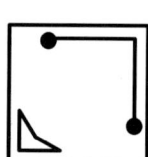 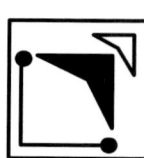

a   b   c   d   e

Fünf Wörter werden Ihnen vorgegeben. Sie sollen die beiden Wörter herausfinden, für die es einen gemeinsamen Oberbegriff gibt. Versuchen Sie immer die wesentliche Gemeinsamkeit zu finden.

13.)
a) Quark   b) Brot   c) Fleisch   d) Praline   e) Tomate

14.)
a) Hausmeister   b) Arzt   c) Professor   d) Bauarbeiter   e) Psychologe

Die Aufgaben bestehen aus Sätzen, bei denen jeweils ein Wort fehlt. Für jeden der Sätze werden Ihnen fünf Lösungsmöglichkeiten vorgeschlagen. Sie sollen ein Wort auswählen, welches den Satz richtig vervollständigt.

1.) ... sind kein Gemüse.
a) Kichererbsen   b) Kaffeebohnen   c) Grüne Erbsen   d) Stangenbohnen   e) weiße Bohnen

2.) Numismatiker sammeln ... .
a) Edelsteine   b) Spielzeug   c) Briefmarken   d) Münzen   e) Bücher

Suchen Sie bei den folgenden Aufgaben immer diejenige Figur heraus, die nur durch Spiegeln/Umklappen mit den anderen zur Deckung gebracht werden kann.

3.)

a   b   c   d   e

4.)

a   b   c   d   e

117

Ist der Satz eine Tatsache oder eine Meinung?

5.) Eisbären leben am Nordpol.

6.) Ein gutes Aussehen macht zufriedener.

In der oberen Reihe sind zwei Objektpaare vorhanden. Das erste Objektpaar ist nach einer bestimmten Regel aufgebaut. Diese Regel gilt auch für das zweite Objektpaar. In der unteren Reihe werden Ihnen fünf Figuren zur Auswahl angeboten. Sie sollten herausfinden, welche der fünf Figuren anstelle des Fragezeichens eingesetzt werden muss.

7.)

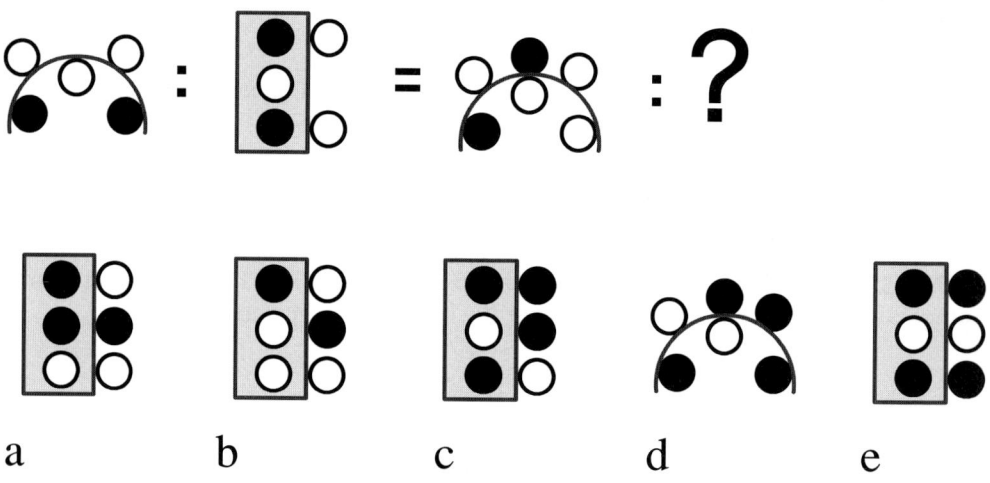

a   b   c   d   e

Lösen Sie die folgende Rechenaufgabe.

8.) Auf einem LKW sind 660 kg Möhren. Am Müllermarkt werden davon 160 kg und am Oberhausenmarkt 220 kg abgeladen. Wie viele kg Möhren befinden sich noch auf dem LKW?

Welche Figur passt jeweils nicht zu den anderen?

9.)

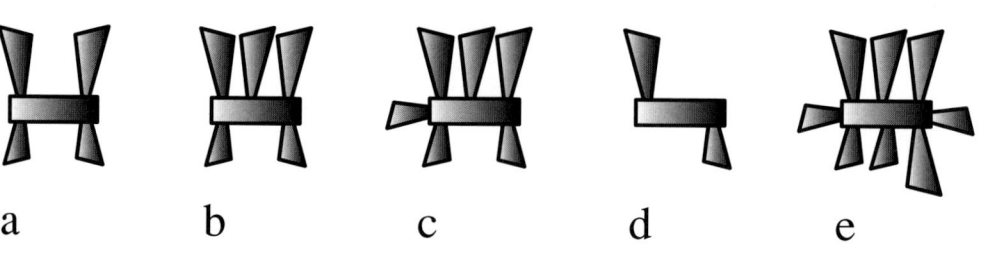

a   b   c   d   e

Fünf Wörter werden Ihnen vorgegeben. Sie sollen herausfinden, welches Wort nicht in die Gruppe gehört.

10.)
a) Flöhe   b) Käfer   c) Läuse   d) Wanzen   e) Larven

Nehmen Sie an, die ersten Sätze sind wahr. Ist dann die jeweilige Schlussfolgerung richtig oder falsch?

11.) Ein Objekt wird durch seine Form zu einer Kugel aber nur durch seinen Verwendungszweck zu einem Ball. Also eine Kugel Eis ist eine Kugel, aber kein Ball.

Welche Figur a bis e passt als Einzige in das freie Kästchen mit dem Fragezeichen und ergänzt die anderen logisch?

12.)

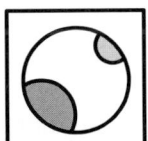 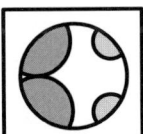  

a

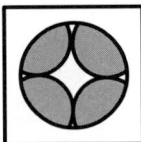
b

c

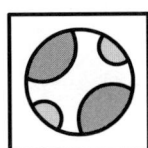
d

e

Fünf Wörter werden Ihnen vorgegeben. Sie sollen die beiden Wörter herausfinden, für die es einen gemeinsamen Oberbegriff gibt. Versuchen Sie immer die wesentliche Gemeinsamkeit zu finden.

13.)
a) Tonumfang   b) Gesang   c) Stimmlage   d) Bass   e) Tenor

14.)
a) Tüte   b) Stuhl   c) Kessel   d) Waschbecken   e) Radio

Die Aufgaben bestehen aus Sätzen, bei denen jeweils ein Wort fehlt. Für jeden der Sätze werden Ihnen fünf Lösungsmöglichkeiten vorgeschlagen. Sie sollen ein Wort auswählen, welches den Satz richtig vervollständigt.

1.) Einwohner Monacos nennt man ... .
a) Monacaner   b) Monacinis   c) Monacer   d) Monacosas   e) Monegassen

2.) Es ist besser, eine Kerze anzuzünden, als sich über die ... zu beklagen.
a) Langweile   b) Dunkelheit   c) Einsamkeit   d) Glühbirne   e) Umstände

Suchen Sie bei den folgenden Aufgaben immer diejenige Figur heraus, die nur durch Spiegeln/Umklappen mit den anderen zur Deckung gebracht werden kann.

3.)

a   b   c   d   e

4.)

a   b   c   d   e

Ist der Satz eine Tatsache oder eine Meinung?

5.) Kinder sehen die Welt mit anderen Augen.

6.) Im Schlafzimmer dürfen grundsätzlich keine Pflanzen oder Blumen stehen.

In der oberen Reihe sind zwei Objektpaare vorhanden. Das erste Objektpaar ist nach einer bestimmten Regel aufgebaut. Diese Regel gilt auch für das zweite Objektpaar. In der unteren Reihe werden Ihnen fünf Figuren zur Auswahl angeboten. Sie sollten herausfinden, welche der fünf Figuren anstelle des Fragezeichens eingesetzt werden muss.

7.)

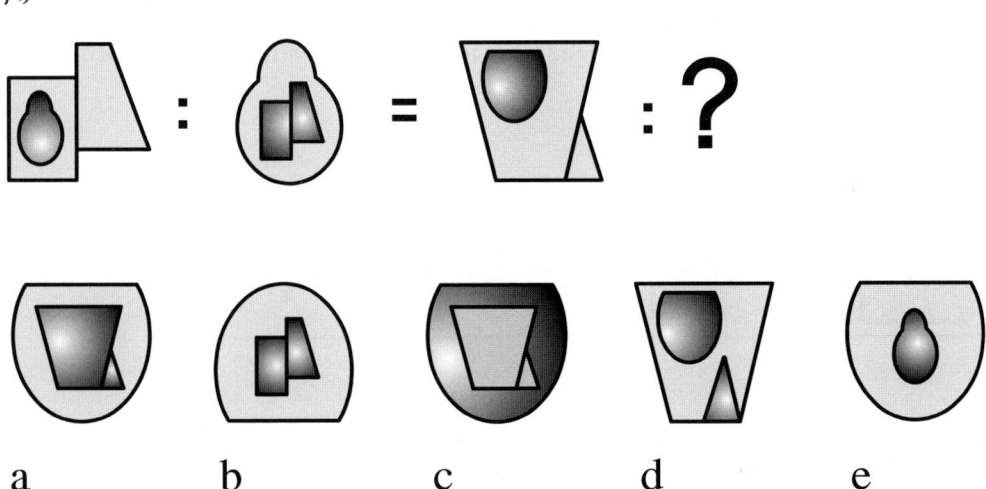

a   b   c   d   e

Lösen Sie die folgende Rechenaufgabe.

8.) Jedes fünfte Ei ist schon beim Kauf kaputt. Wie viele Eier muss Luise insgesamt kaufen, damit sie schließlich 16 nicht kaputte Eier erwarten kann?

Welche Figur passt jeweils nicht zu den anderen?

9.)

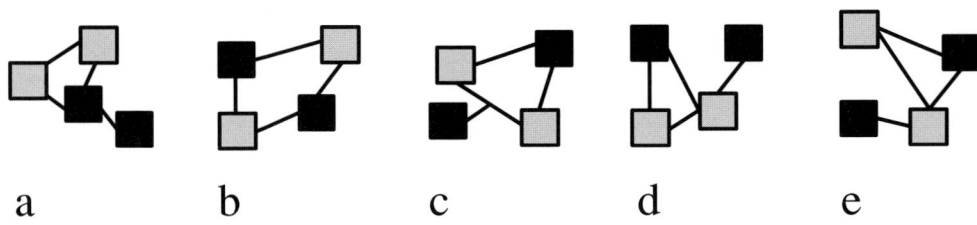

a   b   c   d   e

Fünf Wörter werden Ihnen vorgegeben. Sie sollen herausfinden, welches Wort nicht in die Gruppe gehört.

10.)
a) Brokkoli   b) Kürbis   c) Rettich   d) Blumenkohl   e) Mais

Nehmen Sie an, die ersten Sätze sind wahr. Ist dann die jeweilige Schlussfolgerung richtig oder falsch?

11.) Einige Nutztiere können fliegen und Eier legen. Einige Nutztiere, die nicht fliegen können, geben Milch. Also es gibt Nutztiere, die entweder fliegen und Eier legen und es gibt solche, die Milch geben.

Welche Figur a bis e passt als Einzige in das freie Kästchen mit dem Fragezeichen und ergänzt die anderen logisch?

12.)

a   b   c   d   e

Fünf Wörter werden Ihnen vorgegeben. Sie sollen die beiden Wörter herausfinden, für die es einen gemeinsamen Oberbegriff gibt. Versuchen Sie immer die wesentliche Gemeinsamkeit zu finden.

13.)
a) Gerste   b) Mais   c) Nudeln   d) Weizen   e) Chips

14.)
a) Verlag   b) Zeichnung   c) Karikatur   d) Kiosk   e) Zeitschrift

Punkte-Profil

Tragen Sie einen Punkt gegenüber der Anzahl von richtig gelösten Aufgaben in jedem Aufgabenblock in diese Tabelle ein. Für Ihr persönliches Punkte-Profil verbinden Sie diese Punkte.

Punkte / Tage

	1	2	3	4	5	6	7	8	9	10	11	12	13	14	15	16	17	18	19	20	21	22	23	24	25	26	27	28	29	30
14																														
13																														
12																														
11																														
10																														
9																														
8																														
7																														
6																														
5																														
4																														
3																														
2																														
1																														

Aufgabenpool

Ist der Satz eine Tatsache oder eine Meinung?

1.) In Deutschland gibt es Schulpflicht.

2.) Männer machen leichter Karriere als Frauen.

3.) Man kann ohne Fleisch gesund leben.

4.) Sport ist das beste Mittel zur Stressbewältigung.

5.) Einkaufsbummel macht gute Laune.

6.) Kopfhaare wachsen in einem Jahr ca. 15 cm.

7.) Pinguine legen Eier.

8.) Erneuerbare Energien sind nach menschlichen Maßstäben unerschöpflich.

9.) Mit Brille sieht man schlauer aus.

10.) Rendite und Risiko stehen in der Regel in einem umgekehrten Zusammenhang.

11.) Der Öffentliche Dienst ist Deutschlands größter Arbeitgeber und bietet unzählige Karrierewege.

12.) Es gibt gesetzliche Quotenvorgaben über den Anteil der Männer in Führungspositionen.

13.) Die Politiker denken immer nur an sich.

14.) In einer entwickelten demokratischen Gesellschaft gilt das Streikrecht als selbstverständliches Recht arbeitender Menschen.

15.) Nur Japaner essen Sushi.

16.) Stress verhindert die gesunde Ernährung.

17.) Tee enthält Koffein.

18.) Je höher ist der Preis, desto besser ist die Qualität.

19.) Alle Flüsse fliessen ins Meer.

20.) Deutsche sind diszipliniert.

Schlussfolgerungen

Nehmen Sie an, die ersten Sätze sind wahr. Ist dann die jeweilige Schlussfolgerung richtig oder falsch?

1.) In 3 Ecken von einem Zimmer stehen Blumentöpfe. Gegenüber jedem Blumentopf stehen zwei Blumentöpfe. Also im Zimmer stehen 6 Blumentöpfe.

2.) Keine zwei Autos sind gleich. Opel und Volvo sind zwei Automarken. Opel und Volvo sind also zwei verschiedene Autos.

3.) Kinder spielen gern im Park, Rentner gehen dort spazieren. Deshalb treffen sich Kinder und Rentner immer nur im Park.

4.) Für eine Eistüte zahlte man 1,50 Euro und dazu noch die Hälfte des insgesamt bezahlten Preises. Also kostete die Eistüte 3 Euro.

5.) Jede Tasche von Ina ist schwarz. Alle ihre Taschen sind dabei rechteckig. Manche ihrer Schals sind auch schwarz. Ina hat also schwarze rechteckige Schals.

6.) Ziegen sind Nutztiere. Ziegen geben Milch. Deshalb geben alle Nutztiere Milch.

7.) Alle Fahrräder können schnell fahren. Alle Fahrräder haben Lenkräder. Also kann ein Fahrrad ohne Lenkrad schnell fahren.

8.) Einige Menschen haben grüne Augen. Alle Menschen mit grünen Augen lieben Katzen. Einige Menschen lieben also Katzen.

9.) Manche Musiker sind Pianisten. Manche Pianisten spielen im Orchester. Also spielen manche Musiker im Orchester.

10.) Einige Fische haben Kiemen und Lungen. Alle Säugetiere haben Lungen. Deshalb haben einige Säugetiere auch Kiemen.

11.) Einige Häuser sind Hochhäuser. Einige Hochhäuser haben Aufzüge. Deshalb haben einige Häuser Aufzüge.

12.) Olaf spielt Fußball. Sein Vater bringt ihn regelmäßig zum Training. Deshalb ist sein Vater auch Fußballer.

13.) Die Hände von Elena haben rote Nägel. Jeder Nagel ist rund. Elena hat also rot lackierte runde Fingernägel.

14.) Alle Pferde fressen Gras. Alle Ziegen fressen Gras. Pferde fressen also Ziegen.

15.) Paul ist fleißig in der Schule. Seine Oma hilft ihm bei seinen Hausaufgaben. Deshalb ist seine Oma fleißig in der Schule.

16.) Alle Krokodile sind Raubtiere. Alle Krokodile leben in der Wildnis. Also leben manche Raubtiere in der Wildnis.

17.) Manche Schachteln sind rot. Manche rote Schachteln sind groß. Also sind alle großen Schachteln rot.

18.) Peter hat ein gestreiftes Hemd mit einem Muster in Dunkelblau. Also ist sein Hemd dunkelblau.

19.) Alle Züge sind Fahrzeuge. Manche Fahrzeuge sind auch Autos. Deshalb sind Züge auch Autos.

20.) Alle Säugetiere sind Lebewesen. Manche Lebewesen sind groß. Deshalb sind manche Säugetiere groß.

Eingekleidete Rechenaufgaben

Lösen Sie die folgenden Rechenaufgaben.

1.) Zwei Kinder trinken gleichzeitig zwei Gläser Milch in zwei Minuten. Wie viel Zeit brauchen 30 Kinder für 30 Gläser Milch?

2.) Kühe laufen zu ihrer Weide. Eine Kuh läuft vor zweien, eine hinter zweien und eine zwischen zweien. Wie viele Kühe sind es?

3.) Teilen Sie 50 durch 1/2 und zählen Sie 5 dazu. Was kommt heraus?

4.) Herr Bruno kauft einen Sonderposten für 300 € und möchte diesen für 360 € weiterverkaufen. Wie viel Prozent Gewinn würde Herr Bruno erzielen?

5.) Ein Lebensmittelgeschäft hat folgende Öffnungszeiten: Mo-Fr von 8:00 bis 20:00. Wie viele Stunden am Tag hat das Lebensmittelgeschäft geöffnet?

6.) Ein Modeboutique kauft für 1300 Euro Taschen. Diese werden für 1650 Euro verkauft. An jeder Tasche verdient der Besitzer 50 Euro. Wie viele Taschen wurden verkauft?

7.) Im Wohnzimmer (L: 9 m, B: 3 m) und im Schlafzimmer (L: 2 m, B: 4 m) muss ein neues Parkett verlegt werden. Wie viel m² Parkett müssen gekauft werden?

8.) Ein Geschäft hat an einem Tag 780 Euro eingenommen. Für den Einkauf von neuen Waren wurden 320 Euro ausgegeben. Wie viel Geld bleibt im Geschäft übrig?

9.) Herr Mayer fährt nach Berlin mit seinem Auto. Die Strecke von 400 km fährt er mit einer Durchschnittsgeschwindigkeit von 95 km pro Stunde. Wie weit ist er nach 3 Stunden von Berlin entfernt?

10.) Als Jonas 10 Jahre alt wird, ist er 1,35 m groß. In den 3 Jahren danach wächst er 0,05 m pro Jahr. Wie groß ist Jonas 3 Jahre später?

11.) Schüler wollen beim Sommerfest belegte Brote verkaufen. Aus einem Brotlaib werden 9 belegte Brote angefertigt. Wie viele Brotlaiber müssen gekauft und auf Vorrat gelegt werden, wenn man mindestens 200 belegte Brote verkaufen will?

12.) Frau Schulz möchte einen gebrauchten PKW für 6.000 € erwerben. Sie bekommt einen Rabatt von 5 Prozent. Wie viel Geld spart sie durch den Rabatt?

13.) Oma Nicoletta zahlt für ein Ferngespräch von 10 Minuten 1,20 €. Wie teuer wäre ein Gespräch von 15 Minuten?

14.) In einer Firma mit 100 Beschäftigten sind 80 Prozent Männer. Wie viele Frauen gibt es in der Firma?

15.) Addiert man zu einer Zahl sieben und multipliziert die Summe daraus mit zwei, so erhält man die Zahl 80. Welche Zahl wird gesucht?

16.) Ein Supermarkt kauft Bananen für 220 Euro, die er für 300 Euro verkauft. Eine Kiste bringt 10 Euro Gewinn. Wie viele Kisten wurden verkauft?

17.) Zwei Sachbearbeiter verdienen an einem Tag 198 Euro. Einer, der mehr Berufserfahrung hat, verdient 20% mehr als der andere. Wie viel verdient der Sachbearbeiter mit mehr Erfahrung?

18.) Bei eBay verkauft Herr Fröhlich 3 Computerspiele zu je 18 Euro und 2 CDs zu je 12 Euro. Wie viel Geld hat er verdient, wenn er 4 Euro Versand zahlen musste?

19.) 34 Touristen machen einen Ausflug am See mit Booten. In einem Boot dürfen höchstens 4 Menschen sitzen. Wie viele Boote werden benötigt?

20.) Auf einer Brücke steht eine Fahrverbotstafel für Fahrzeuge über 4 t Gesamtgewicht. Ein LKW wiegt 2 t. Er ist mit 1300 kg Obst und 625 kg Gemüse beladen. Darf er über die Brücke fahren?

Sprachanalogien

Es sind zwei Wörter in einem Wortpaar vorgegeben, zwischen denen eine gewisse Beziehung besteht. Suchen Sie aus den fünf vorgeschlagenen Wörtern dasjenige heraus, das zum dritten Wort eine möglichst ähnliche Beziehung aufweist.

1.) Kopf zu Mütze wie Fuß zu?
a) pflegen   b) Zehen   c) kalt   d) Stiefel   e) laufen

2.) Fünf zu zehn wie sechs zu ?
a) zwölf   b) dreißig   c) neun   d) fünfzehn   e) sieben

3.) Physalis zu Beere wie Birne zu ?
a) Apfel   b) Baum   c) Obst   d) Himbeere   e) lecker

4.) Ohren zu hören wie Augen zu ?
a) blinzeln   b) beobachten   c) sehen   d) schließen   e) tasten

5.) Wurst zu Fleisch wie Joghurt zu ?
a) weiß   b) Obst   c) gesund   d) Milch   e) Kühlschrank

6.) Glockenblume zu Orchidee wie Kiefer zu ?
a) Pflanze   b) Buche   c) Baum   d) Wald   e) gießen

7.) Pinsel zu Strich wie Nadel zu ?
a) Stich   b) Näherin   c) Tattoo   d) Handwerk   e) Schere

8.) Hellblau zu Violett wie Orange zu ?
a) Regenbogen   b) Lila   c) Gelb   d) Indigo   e) Grün

9.) Nase zu Geruch wie Auge zu ?
a) sehen   b) salzig   c) Farbe   d) Empfindung   e) Kopf

10.) Mehl zu Brot wie Milch zu ?
a) Brot   b) Kuh   c) Wasser   d) Käse   e) Flasche

11.) Vogel zu Luft wie Fisch zu ?
a) Wasser   b) Algen   c) Erde   d) Seelöwe   e) schwimmen

12.) Gurke zu Gemüse wie Roggen zu ?
a) Weizen   b) Getreide   c) Feld   d) Brötchen   e) Schädlinge

13.) Regen zu Tropfen wie Satz zu ?
a) Kenntnis   b) Sprache   c) Aussage   d) Wissen   e) Wort

14.) Boden zu Decke wie heiß zu ?
a) warm   b) kalt   c) Heizung   d) kurz   e) Getränk

15.) Flöte zu Trompete wie Schrank zu ?
a) Telefon   b) Möbel   c) Tisch   d) Musik   e) Wohnung

16.) lieben zu hassen wie jung zu ?
a) Jugend   b) wachsen   c) alt   d) schön   e) Mensch

17.) Stahl zu hart wie Kissen zu ?
a) Schlafzimmer b) Feder   c) weich   d) quadratisch e) schlafen

18.) Mappe zu aufbewahren wie Buch zu ?
a) Regal   b) aufschlagen c) schenken   d) kaufen   e) lesen

19.) Montag zu Donnerstag wie Januar zu ?
a) Februar   b) April   c) Mittwoch   d) Mai   e) März

20.) Erdöl zu Benzin wie Baumwolle zu ?
a) Bettwäsche b) anbauen   c) Textilfaser d) Rohstoff   e) tanken

Lösungen

Aufgabenblock 1

1.)   b. Gold
2.)   d. einer Katze
3.)   b.
4.)   b.
5.)   Meinung
6.)   Tatsache
7.)   c. In einem Objektpaar sind zwei verschiedene Größen und Schattierungen vorhanden.
8.)   9 Stunden
9.)   c. Andere Gegenstände sind Behälter für Flüssigkeiten.
10.)   c. April
11.)   Richtig
12.)   c. Die Figur wird in jedem Bild vervollständigt.
13.)   b. Saft und d. Wasser: Getränke
14.)   a. Schuhe und d. Sakko: Bekleidung

Aufgabenblock 2

1.)   c. Sonnenuhr
2.)   c. Schlampig
3.)   a.
4.)   c.
5.)   Tatsache
6.)   Tatsache
7.)   a. Die dritte Komponente der Figur in einem Objektpaar spiegelt sich.
8.)   30 Zehen
9.)   d. Die anderen Figuren sind zweifarbig.
10.)   b. Rucksack
11.)   Richtig
12.)   d. Der Kreis in der Mitte wird in jedem nächsten Bild größer.
13.)   a. Zwiebel und b. Möhre: Gemüse, das unter der Erde wächst.
14.)   b. Hund und d. Katze: Haustiere

Aufgabenblock 3

1.)   e. Zugspitze
2.)   c. Sojabohnen
3.)   e.
4.)   d.

5.)   Meinung
6.)   Meinung
7.)   b. Die Figur spiegelt sich und die Schattierung wechselt von einem Teil der Figur zum anderen.
8.)   1 Kugel für Oma Else.
9.)   d. In den anderen Figuren enthält das obere rechte Segment einen Kreis.
10.)   d. Platin. Es ist das einzige Edelmetall.
11.)   Richtig
12.)   d. Der Stab mit zwei gleichartigen Figuren dreht sich um 90°.
13.)   c. Brücke und d. Tunnel: künstliche Verkehrswege
14.)   a. Libelle und c. Schmetterling: Insekten

Aufgabenblock 4

1.)   d. Geld
2.)   e. am Horizont
3.)   d.
4.)   c.
5.)   Meinung
6.)   Meinung
7.)   b. Die Figur spiegelt sich. Die Schattierungen der rechten und der linken Hälfte wechseln sich ab.
8.)   5 Hühner sind weiß.
9.)   e. Die Anzahl von aus dem grauen Rechteck ausgehenden Elementen ist stets gleich vier.
10.)   a. Mai. Die anderen Begriffe sind Wochentage.
11.)   Richtig
12.)   b. Die Figur bekommt in jedem nächsten Bild eine Komponente mehr. Dabei ist auf ihre Anordnung zu achten.
13.)   a. Schokolade und d. Pudding: enthalten Zucker
14.)   a. Erdöl und b. Gas: keine Metallrohstoffe

Aufgabenblock 5

1.)   d. Rom
2.)   b. Trauer
3.)   b.
4.)   a.
5.)   Meinung
6.)   Tatsache
7.)   a. Die Figur dreht sich um 90° entgegen dem Uhrzeigersinn. Weiße Komponente wird dunkel schattiert.
8.)   40 Euro
9.)   a. In den anderen Figuren ist die Anzahl von hellen und dunklen Herzen immer gleich.

10.) b. Kuh als Nutztier
11.) Falsch
12.) c. Die Figur wird gespiegelt. Dabei wechselt die Schattierung.
13.) d. Sekt und e. Bier: alkoholische Getränke
14.) b. Finger und e. Zeh

Aufgabenblock 6

1.) b. den Meister
2.) a. die Gesundheit
3.) c.
4.) e.
5.) Tatsache
6.) Meinung
7.) a. Die Figur dreht sich um 90°. Die Anzahl von horizontalen Reihen verringert sich um 1 und Quadrate werden zu Kreisen.
8.) An der vierten Position
9.) b. In anderen Figuren sind die zwei T- Buchstaben entweder zueinander oder gegeneinander ausgerichtet.
10.) d. Tennis als ein Spiel, das körperliche Aktivität beansprucht.
11.) Falsch
12.) e. Die Figur wird in jedem Bild um zwei Komponenten vervollständigt.
13.) b. Tee und e. Kaffee: koffeinhaltige Getränke.
14.) b. Papierflieger und d. Feder: leichte Gegenstände, die fliegen können

Aufgabenblock 7

1.) a. einer Finsternis
2.) e. Christentum
3.) c.
4.) b.
5.) Meinung
6.) Tatsache
7.) b. Der äußere Rand in der zweiten Figur ist nicht mehr vorhanden. Zu einem Objektpaar gehören außerdem zwei verschiedene Figuren und Schattierungen.
8.) Jedes Kind erhält 55 Euro.
9.) c. In anderen Figuren sind nur die runden Linien abgedunkelt.
10.) b. Bäcker. Einziger Beruf, der mit Kunst nichts zu tun hat.
11.) Richtig
12.) e. Das Quadrat wird in 2,3 und vier Flächen aufgeteilt. In jedem nächsten Bild gibt es eine Fläche mehr.
13.) b. Nagel und e. Schraube: bestehen ganz aus Metall.
14.) b. Frankreich und d. Niederlande: beide Länder liegen in Europa.

Aufgabenblock 8

1.)   b. Campus
2.)   d. Bernstein
3.)   c.
4.)   e.
5.)   Tatsache
6.)   Meinung
7.)   e. Die Figur dreht sich um 90° entgegen dem Uhrzeigersinn. In einem Objektpaar wechselt der innere Kreis die Farbe.
8.)   11 Säcke
9.)   d.
10.) d. Bestätigung
11.) Falsch
12.) c. Die Figur hat in jedem nächsten Bild eine „Ecke" mehr.
13.) b. Tulpe und d. Narzisse: Blumen
14.) b. Katze und c. Maus: eine Katze jagt eine Maus.

Aufgabenblock 9

1.)   e. Glück
2.)   c. eine Lizenz
3.)   d.
4.)   b.
5.)   Meinung
6.)   Tatsache
7.)   c. Die untere Hälfte der zweiten Figur wird mit der oberen vervollständigt. Die Farbe vom mittleren Teil der Figur wird durch die Farbe der äußeren Komponenten ersetzt.
8.)   Klaus ist 16 Jahre alt.
9.)   c. Die anderen Figuren sind eckig.
10.) d. Kopierer als einziges Elektrogerät
11.) Richtig
12.) a. Die dunkel schattierte Reihe bewegt sich jeweils in die nächste Reihe zur Mitte nach rechts und nach links abwechselnd.
13.) b. Geige und d. Kontrabass: Saiteninstrumente
14.) d. Boot und e. Fähre: schwimmende Fahrzeuge

Aufgabenblock 10

1.)   e. Ahornblatt
2.)   c. Milch
3.)   a.
4.)   c.

5.)   Tatsache
6.)   Tatsache
7.)   e. Die Figur dreht sich um 90° im Uhrzeigersinn. Die inneren Komponenten der anfangs unteren zwei Rechtecke werden umgetauscht.
8.)   Osten
9.)   b. Die restlichen Figuren enthalten vier dunkle Rechtecke.
10.) b. Chiemsee. Der einzige See unter den Flüssen.
11.) Falsch
12.) c. Die Figur wird in jedem Bild um einen Balken vervollständigt.
13.) b. Student und d. Azubi: keine Berufe.
14.) a. Schloss und c. Schlüssel: beide sind zum Auf- bzw. Verschließen.

Aufgabenblock 11

1.)   b. Grönland
2.)   c. ihren Stachel
3.)   d.
4.)   e.
5.)   Tatsache
6.)   Meinung
7.)   e. Die Figur dreht sich um 90° entgegen dem Uhrzeigersinn. Rechtecke werden zu Kreisen.
8.)   15 Liter
9.)   e. Die anderen weißen runden Figuren enthalten die kleinen grauen Figuren.
10.) a. Kastanie ist eine Nussfrucht. Die anderen Pflanzen sind Blumen.
11.) Falsch
12.) c. Jede Figur enthält unterschiedliche Komponenten in der Anzahl 1, 2, 3 und 4.
13.) a. Erdbeben und c. Tsunami: Naturkatastrophen
14.) d. Bunker und e. Keller: unterirdische Bauten

Aufgabenblock 12

1.)   a. Wolf
2.)   b. Aquarell
3.)   b.
4.)   c.
5.)   Tatsache
6.)   Meinung
7.)   a. Die Figur dreht sich um 90° im Uhrzeigersinn. Eine Figur im Objektpaar enthält kleine innere Kreise.
8.)   Die Wiese ist 21 m lang.
9.)   c. Bei anderen Figuren haben alle gebogenen Linien ihren Ursprung in den Ecken vom Quadrat.
10.) e. Schlagzeug. Die anderen sind Saiteninstrumente.

11.) Falsch

12.) e. Die Figur dreht sich um 90° im Uhrzeigersinn. Die Farbe der Komponenten wechselt sich ab.

13.) a. Handschuhe und c. Socken: Kleidung gegen kalte Hände und Füße

14.) b. Geschichte und e. Literatur: Geisteswissenschaften

Aufgabenblock 13

1.) a. Fett

2.) e. Rollenprüfstand

3.) e.

4.) d.

5.) Meinung

6.) Tatsache

7.) b. In der zweiten Figur im ersten Objektpaar fehlt das untere linke Viertel. Die Schattierung unten rechts wandert nach links oben. Das untere rechte Viertel übernimmt seine schwarze Schattierung.

8.) Nein, weil der LKW mit Beladung 1100 kg wiegt.

9.) e. Bei anderen Figuren sind die drei Stäbe durch die Mitte der Figur verdeckt.

10.) a. Mahnung. Eine Erinnerung, Aufforderung.

11.) Falsch

12.) c. Jede nächste Figur enthält einen „Balken" mehr. Dabei ist auf die Anordnung zu achten.

13.) c. Kreis und e. Oval: gebogene Formen

14.) b. Wal und d. Delphin: Säugetiere

Aufgabenblock 14

1.) b. Klingen

2.) a. 71

3.) e.

4.) c.

5.) Meinung

6.) Tatsache

7.) b. Die äußere Figur dreht sich um 90° im Uhrzeigersinn.

8.) 21 Holzpfosten

9.) a. Die linke Hälfte der Figur ist das Spiegelbild der rechten. Für Figur a gilt diese Regel nicht.

10.) b. Brille. Die anderen Begriffe sind Körperteile.

11.) Richtig

12.) b. Jede Figur enthält zwei unterschiedliche Komponenten.

13.) b. Gold und e. Platin: Edelmetalle

14.) a. Tennis und d. Badminton: Ballspiele

Aufgabenblock 15

1.) b. Auszeichnung
2.) c. Verlierer
3.) e.
4.) a.
5.) Meinung
6.) Tatsache
7.) d. Die untere Hälfte der zweiten Figur im ersten Objektpaar ist das Spiegelbild der unteren. Die graue Schattierung vom Viertelquadrat der ersten Figur übernimmt die obere Hälfte der zweiten Figur.
8.) 7 Kilo
9.) c. Die anderen Figuren bestehen aus sechs Segmenten.
10.) d. Fachkraft. Die anderen sind Branchen.
11.) Richtig
12.) b. Jeder Figur enthält drei Flächen in unterschiedlichen Farben.
13.) b. Ingenieur und c.Rechtsanwalt: akademische Berufe
14.) b. Taschenlampe und d. Lagerfeuer: Lichtquellen

Aufgabenblock 16

1.) c. Mahlzeit
2.) b. Eine Inflation
3.) e.
4.) c.
5.) Tatsache
6.) Tatsache
7.) b. Die Figur dreht sich um 90° im Uhrzeigersinn. Die untere rechte Hälfte der dritten Komponente ist nicht mehr vorhanden.
8.) 130 Flaschen
9.) b. Diese Figur unterscheidet sich von den anderen.
10.) e. Regenbogen. Die anderen Begriffe sind Farben.
11.) Falsch
12.) a. Das Rechteck sowie der Kreis bewegen sich entgegen dem Uhrzeigersinn.
13.) a. Lupe und c. Fernglas: Vergrößerungsgläser
14.) b. Zucker und c. Salz

Aufgabenblock 17

1.) b. Medizin
2.) e. Die Fabel
3.) d.
4.) b.
5.) Tatsache

6.)   Tatsache

7.)   e. Die Figur dreht sich um 90° im Uhrzeigersinn. Die Farbe der inneren Komponente wechselt.

8.)   Er braucht 160 m Draht.

9.)   b. In zwei gegenüberliegenden Ecken gibt es jeweils zwei gleichen Figuren in zwei verschiedenen Größen.

10.) c. impulsiv als eine negative Eigenschaft

11.) Richtig

12.) b. Zwei Komponente einer Figur spiegeln sich abwechselnd.

13.) a. Staubsauger und c. Toaster: Elektrogeräte.

14.) a. Wahrheit und e. Lüge: Antonyme

Aufgabenblock 18

1.)   c. Seiten

2.)   a. Teig

3.)   c.

4.)   e.

5.)   Tatsache

6.)   Tatsache

7.)   b. Der im ersten Objekt vorhandene Pfeil wechselt die Schattierung, dreht sich um 180° und bewegt sich nach hinten. Das graue Rechteck bewegt sich in die Mitte vom weißen und wechselt die Schattierung.

8.)   17 Kilo

9.)   d. Die anderen Pfeile sind schwarz-weiß.

10.) a. Nebel. Die anderen Begriffe sind Niederschläge.

11.) Falsch

12.) c. Die ganze Figur und ihre Hälfte wechseln sich ab.

13.) b. Boden und e. Decke: Antonyme

14.) a. Zeitung und c. Buch: verwendet man zum Lesen

Aufgabenblock 19

1.)   d. Ein Echolot

2.)   d. Juden

3.)   a.

4.)   e.

5.)   Tatsache

6.)   Tatsache

7.)   a. Der äußere dicke Rand ist in der zweiten Figur nicht mehr vorhanden. Die innere Figur dreht sich um 90°gegen dem Uhrzeigersinn.

8.)   2 Stunden

9.)   d. Bei allen anderen Figuren sind die Bereiche abgedunkelt, die von den Schnittpunkten zweier Komponenten gebildet werden.

10.) c. Temperament als allgemeiner Oberbegriff
11.) Falsch
12.) b. Die Figur dreht sich um 45° im Uhrzeigersinn. Dabei wird sie mit einer Komponente vervollständigt.
13.) b. Brille und c. Kontaktlinsen: Sehhilfen
14.) a. Tisch und d. Bett: Möbel

Aufgabenblock 20

1.) d. Fernstudium
2.) a. ein Ufer
3.) a.
4.) b.
5.) Tatsache
6.) Tatsache
7.) a. Die Figur spiegelt sich vertikal. Schattierungen wechseln vom oberen Teil zum mittleren und vom mittleren zum unterem.
8.) 3,60 Meter (0,60 + 1,20 + 1,80 = 3,60)
9.) c. Jede Figur enthält insgesamt fünf Komponenten: Pfeile und Kreuze
10.) c. Broschur. Die anderen sind spezielle Sammlungen von Texten.
11.) Falsch
12.) c. In jedem nächsten Bild enthält die Figur eine Seite mehr.
13.) d. Stiefel und e. Pumps: Schuhe
14.) a. Ferkel und b. Welpe: Tierbabys

Aufgabenblock 21

1.) a. negativ
2.) c. geht
3.) c.
4.) e.
5.) Tatsache
6.) Meinung
7.) d. Die kleinen äußeren Figuren bewegen sich um eine Position gegen den Uhrzeigersinn.
8.) 4
9.) d. Die Anzahl der schwarzen und weißen Komponenten ist stets 2.
10.) d. Wind. Die anderen Begriffe sind Naturkatastrophen.
11.) Falsch
12.) d. Die Komponenten der Figur spiegeln sich nacheinander.
13.) b. Prolog und e. Epilog: Vorwort und Nachwort
14.) b. Bleistift und c. Kugelschreiber

Aufgabenblock 22

1.) a. eine Vorschrift
2.) d. Hypertonie
3.) b.
4.) a.
5.) Meinung
6.) Tatsache
7.) c. Die Figur dreht sich um 90°. Im ersten Objektpaar übernimmt die obere Hälfte der zweiten Figur das Muster vom unteren rechten Viertel der ersten Figur und das untere linke Viertel der zweiten Figur übernimmt das Muster vom unteren linken Viertel der ersten Figur.
8.) 40 Euro
9.) b. Die anderen Figuren sind gleich.
10.) d. Spiegel. Die anderen Gegenstände sind Behälter.
11.) Richtig
12.) c. Die Figur dreht sich um 90° gegen den Uhrzeigersinn. Die Schattierung wechselt sich ab.
13.) a. Rucksack und b. Tasche: Tragbehälter
14.) c. Medaille und d. Münze: gleiche Form

Aufgabenblock 23

1.) a. dick
2.) b. Zecken
3.) c.
4.) d.
5.) Meinung
6.) Tatsache
7.) d. Zwei Figuren in einem Objektpaar bilden einen Winkel von 90° zueinander.
8.) Übrig bleiben 750 Euro.
9.) d. In anderen Figuren gibt es zwei Punkte ohne Gegenpunkte im grauen Bereich.
10.) e. Mitgefühl. Bezeichnet Emotionen
11.) Falsch
12.) a. Die Figur bekommt um ein Oval mehr.
13.) d. Stör und e. Hering: Fische
14.) b. Mutter und d. Tante: weibliche Verwandte

Aufgabenblock 24

1.) b. Hotel
2.) e. Schnäppchen
3.) b.
4.) c.

5.) Tatsache
6.) Tatsache
7.) c. Die äußere Figur dreht sich um 90° und die zwei innere Figuren platzieren sich am rechten und linken Rand.
8.) 3 Wellensittiche und 2 Katzen
9.) d. Andere Figuren beinhalten eine runde Linie.
10.) e. Falke. Der ist im Gegensatz zu den anderen ein Raubvogel.
11.) Falsch
12.) b. Die Figur wird vervollständigt.
13.) c. entspannen und e. chillen: Erholung
14.) b. Wildente und c. Schwan: Vögel, die in der Wildnis leben

Aufgabenblock 25

1.) a. dem Wind
2.) c. Anleitung
3.) a.
4.) d.
5.) Tatsache
6.) Meinung
7.) a.
8.) 100 ml
9.) e. In anderen Figuren sind die äußeren drei Kreise entweder weiß oder schwarz.
10.) c. Frikadellen. Die anderen Begriffe sind Süßigkeiten.
11.) Richtig
12.) c. Ein weißes und ein schwarzes und ein weißes Quadrat kommen abwechselnd jeweils hinzu.
13.) b. Gedicht und e. Lied: Künstwerke
14.) b. Tasse und d. Glas: Behälter

Aufgabenblock 26

1.) b. wässern
2.) a. Jo-Jo-Effekt
3.) e.
4.) b.
5.) Meinung
6.) Tatsache
7.) d. Die äußere Figur wird zur inneren und umgekehrt.
8.) 250 km
9.) b. Abgedunkelte Bereiche gibt es nur an den geraden Linien von Figuren.
10.) a. Untersetzer
11.) Falsch

12.) a. Das kleine Dreieck spiegelt sich im Uhrzeigersinn in die nächste Ecke. Der Kreis bewegt sich im Uhrzeigersinn in die nächste Ecke. Die Figur in der Mitte wechselt die Richtung.
13.) b. Pokal und e. Prämie: Anerkennungen
14.) b. Europa und d. Asien: Kontinente

Aufgabenblock 27

1.) d. vom Schwanz
2.) c. dem Recycling
3.) d.
4.) a.
5.) Meinung
6.) Meinung
7.) b. In einem Objektpaar spiegelt sich die obere Figur.
8.) 1500 Euro
9.) c. Die linke Hälfte der Figur ist das Spiegelbild der rechten. Für die Figur c gilt diese Regel nicht.
10.) b. Minigolf. Die anderen Begriffe sind Kampfsportarten.
11.) Richtig
12.) c. Das „Loch" im Quadrat entsteht rechts oder links auf einer Ebene.
13.) b. Perlenkette und d. Goldring: Schmuck
14.) a. Ameise und b. Fliege: Insekten

Aufgabenblock 28

1.) d. der Klöppel
2.) a. Flatrate
3.) c.
4.) e.
5.) Tatsache
6.) Meinung
7.) a. Die Figuren drehen sich um 90° gegen den Uhrzeigersinn zueinander. Der mittlere Teil wird umgetauscht und das kleine Dreieck bewegt sich ebenso gegen den Uhrzeigersinn.
8.) 2 Enkelkinder mit Schwimmabzeichen
9.) d. Die anderen Figuren entstehen durch Drehung einer Figur.
10.) a. Musik. Allgemeiner Begriff
11.) Falsch
12.) a. Die „Ecke" mit zwei Kreisen spiegelt sich in die gegenüberliegende Ecke der Figur. Nach dem gleichen Prinzip spiegeln sich auch die zwei „Dreiecke" und tauschen die Positionen.
13.) a. Quark und c. Fleisch: proteinhaltige Nahrungsmittel
14.) a. Hausmeister und d. Bauarbeiter: Berufe ohne akademischen Grad

Aufgabenblock 29

1.) b. Kaffeebohnen
2.) d. Münzen
3.) d.
4.) a.
5.) Tatsache
6.) Tatsache
7.) b. Die Anzahl und die Farbe von kleinen Kreisen innerhalb und außerhalb der gebogenen Linie entspricht der Anzahl und Farbe der Kreise innerhalb und außerhalb vom Rechteck.
8.) 280 kg Möhren
9.) b. In anderen Figuren entspricht die Anzahl von langen Dreiecken der Anzahl von kurzen Dreiecken.
10.) e. Larven. Eine Zwischenform in der Entwicklung
11.) Richtig.
12.) e. Die Figur wird jeweils von einem großen und einem kleinen Halbkreis vervollständigt.
13.) d. Bass und e. Tenor: die hohe und die tiefe männliche Stimme
14.) c. Kessel und d. Waschbecken: man kann sie mit Wasser befüllen

Aufgabenblock 30

1.) e. Monegassen
2.) b. Dunkelheit
3.) d.
4.) e.
5.) Tatsache
6.) Meinung
7.) a. Die innere Figur vergrößert sich, während die äußere Figur, die aus zwei Teilen besteht, sich verkleinert.
8.) 20 Eier. Hinweis: Da 20 Prozent der Eier kaputt sind, sollte man um 20 Prozent mehr kaufen. 16•1,2 = 19,2 Eier. Aufgerundet auf die ganze Zahl ergibt die Berechnung 20 Eier.
9.) a. In dieser Figur sind die schwarzen Quadrate direkt miteinander verbunden.
10.) c. Rettich. Wächst unter der Erde
11.) Richtig
12.) b. Der Pfeil dreht sich um 90° im Uhrzeigersinn. Die gebogene Linie dreht sich um 90° gegen den Uhrzeigersinn.
13.) c. Nudeln und e. Chips: Fertigprodukte
14.) b. Zeichnung und c. Karikatur: kreative Werke

Lösungen Aufgabenpool

Tatsache-Meinung

1.) Tatsache
2.) Tatsache
3.) Tatsache
4.) Meinung
5.) Meinung
6.) Tatsache
7.) Tatsache
8.) Tatsache
9.) Meinung
10.) Meinung
11.) Tatsache
12.) Meinung
13.) Meinung
14.) Tatsache
15.) Meinung
16.) Tatsache
17.) Tatsache
18.) Meinung
19.) Meinung
20.) Meinung

Schlussfolgerungen

1.) Falsch
2.) Richtig
3.) Falsch
4.) Richtig
5.) Falsch
6.) Falsch
7.) Falsch
8.) Richtig
9.) Richtig
10.) Falsch
11.) Richtig
12.) Falsch
13.) Richtig
14.) Falsch
15.) Falsch
16.) Richtig
17.) Falsch

18.) Falsch
19.) Falsch
20.) Richtig

Eingekleidete Rechenaufgaben

1.) 2 Minuten. Jedes Kind braucht 2 Minuten für ein Glas Milch.
2.) Insgesamt 3 Kühe
3.) 105 Hinweis: 50:1/2+5 = 50•2+5 = 105
4.) 20 Prozent
5.) 12 Stunden
6.) 7 Taschen
7.) 35 m². Parkett. Hinweis: 9•3 + 2•4 = 35 m²
8.) Es bleiben 460 Euro übrig.
9.) 115 km
10.) 1,50 m
11.) 23 Brotlaiber
12.) 300 Euro
13.) 1,80 Euro. Hinweis: Eine Minute kostet 0,12 Euro. Daraus folgt, dass 15 Minuten 1,80 Euro kosten: 0,12•15 = 1,80 Euro
14.) 20 Frauen
15.) 33. Hinweis: Sei x die gesuchte Zahl. 2 (x + 7) = 80 2x+14 = 80; 2x = 66; x = 33
16.) 8 Kisten.
17.) 108 Euro. Hinweis: Sei x Euro - Verdienst von Mitarbeiter mit weniger Erfahrung. 1,2x Euro verdient der erfahrene Mitarbeiter. x+1,2x = 198; 2,2x = 198; x = 90 Euro. Also, der Mitarbeiter mit mehr Erfahrung verdient 1,2•90 = 108 Euro.
18.) 74 Euro. Hinweis: 3•18 + 2•12 − 4 = 54 + 24 − 4 = 74 Euro.
19.) 9 Boote.
20.) ja. Hinweis: 2000 + 1300 + 625 = 3925 kg. 3925 kg ⇐⋯ 4000 kg.

Sprachanalogien

1.) d. Stiefel
2.) a. zwölf
3.) c. Obst
4.) c. sehen
5.) d. Milch
6.) b. Buche
7.) a. Stich
8.) e. Grün. Hinweis: Die Reihenfolge der Regenbogen-Farben: Rot – Orange – Gelb – Grün – Hellblau – Indigo – Violett
9.) c. Farbe
10.) d. Käse
11.) a. Wasser

12.) b. Getreide
13.) e. Wort
14.) b. kalt
15.) c. Tisch
16.) c. alt
17.) c. weich
18.) e. lesen
19.) b. April
20.) a. Bettwäsche

Raum für Notizen

Raum für Notizen

Bücher, die weiterhelfen – aus der Praxis für die Praxis

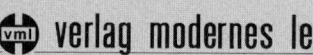

Ressourcen entdecken – Ressourcen nutzen

Vernunft und Kommunikation

Dieter Schwartz

Wie Emotionen unsere Kommunikation beeinflussen

• Welchem Zweck dient menschliche Kommunikation? • Kennen Sie die wichtigsten Lebensziele der meisten Menschen? • Wann entstehen Gefühle und was bewirken sie? • Angenehme und unangenehme Gefühle kennen wir alle, aber welche zwei Arten von Gefühlen gibt es noch? • Wie lautet der verbreitetste Irrtum über Gefühle? • Hat Kommunikation eine Temperatur?

Nichts beeinflusst unsere Kommunikation mit anderen so sehr wie unsere eigenen Gefühle. So werden wir etwa bei einer Meinungsverschiedenheit laut und ungerecht, weil wir wütend sind, kommunizieren unsere Wünsche und Ansichten nicht, weil wir Angst vor Zurückweisung haben, oder resignieren und verstummen ganz, weil wir uns niedergeschlagen fühlen. Solche Gefühle sind nicht nur unangenehm und ungesund, sondern auch dysfunktional, weil sie gerade die Ziele sabotieren, die wir mittels Kommunikation erreichen wollen. Basierend auf den Erkenntnissen der Kommunikationsforschung erläutert der Autor zum einen, was den Unterschied zwischen „guter" und „schlechter" Kommunikation ausmacht, und zum anderen, dass es nicht genügt, nur zu wissen, wie man mit seinen Mitmenschen „gut" kommuniziert. Auf Grundlage der modernen Kognitiven Verhaltenstherapie zeigt Dieter Schwartz sodann, wie hinderliche Gefühle in zielförderliche Gefühle umgewandelt werden, um das Wissen über „gute" Kommunikation auch praktisch umsetzen zu können. Mit dem so gewonnenen neuen emotionalen Grundhaltung setzen Sie dann „gute" Kommunikationstechniken ein, um Ihre Ziele im beruflichen wie privaten Leben erfolgreicher verfolgen zu können.

● 2012, 240 S., Format DIN A5, br
ISBN 978-3-86145-333-8   Bestell-Nr. 8571, Euro 15,80

Vernunft und Emotion

Dieter Schwartz

Die Ellis-Methode – Vernunft einsetzen, sich gut fühlen, mehr im Leben erreichen

Verständlich und klar zeigt das Buch den Zusammenhang von Denken, Fühlen und Handeln. Der Leser wird angeleitet, sein Denken mit Hilfe der Vernunft zu überprüfen und eine neue hilfreiche Lebensphilosophie zu entwickeln. Diese ermöglicht es, in so unterschiedlichen Lebensbereichen wie Partnerschaft, Liebe, Sexualität und Beruf mehr persönliche Zufriedenheit zu erlangen.

Das Buch hilft,
• selbstschädigende, schlechte Gefühle, insbesondere Angstzustände, Ärger, Schuldgefühle und depressive Stimmungen zu bewältigen,
• emotionalen Stress und zwischenmenschliche Probleme zu überwinden
• die vorhandene persönliche Energie kreativ einzusetzen
• sein Leben in der täglichen Arbeit und im persönlichen Bereich mit mehr Zufriedenheit, Erfolg und Erfülltheit zu gestalten.

● 7., überarb. Auflage 2014, 200 S., Format DIN A5, br
ISBN 978-3-86145-344-4   Bestell-Nr. 8395, Euro 15,30

Familien – Leben – Stärken!

Martin Brentrup / Brigitte Geupel

Aus Erziehung Beziehung werden lassen – Impulse für eine beziehungsorientierte Familienkultur

In diesem Buch stellen die Autoren in ihrer Praxis erprobte Ansätze so dar, dass sie für Therapeuten/Berater (Kindertherapie, Familientherapie, Familienhilfe) schnell und praktisch einsetzbar sind. Es enthält Materialien und Interventionsvorschläge, die von interessierten Familien auch allein oder begleitend zu einem Beratungsprozess genutzt werden können. Es werden Impulse für eine unterstützende Familienatmosphäre gegeben. Dies erfolgt aus einer ressourcenorientierten Sicht. Die Gesprächs- und Übungsanreize wenden sich an die Familie als Ganze, und an die Eltern und die Kinder für sich. Deshalb sind viele auch spielerisch und kreativ. Durch die Gespräche soll die Entwicklung einer Kultur des Miteinanders begünstigt werden, die für alle Beteiligte Zuhören, Verstehen, Eingehen und Mitfühlen mit sich bringt. Themenübersicht: • Für die Familie: Gespräche nach dem Modell der Familienkonferenzen, Gesprächsimpulse, Experimente (Deeskalationstricks; Beim Positiven beginnen; Zuhören und verstehen; Wünsche; Bedürfnisse erkennen und teilen; Ressourcen aktivieren; Regeln und Wandel; Lösungen finden) • Für die Eltern: Gesprächsanreize zur Eltern- und Partnerschaft • Für die Kinder: Gesprächs- und Spielanreize • Spezielle Themen in Familien: Geschwister-Verhältnisse, Energie und Unruhe der Kinder, Begrenzte Zeit und Kraft der Eltern, Loslassen (Übergänge)

Die Übungen werden begleitet durch Materialien auf einer CD, auf der Fotos, Ressourcenkarten und Fragekarten gesammelt sind - einsetzbar für Therapie/Beratung und für die Selbsthilfe.

● 2014, 104 S., farbige Abb., Beigabe: Bildkarten und Materialien auf CD-ROM, Format 16x23cm, Ringbindung
ISBN 978-3-942976-11-4   Bestell-Nr. 9458, Euro 18,80

Es ist nie zu spät, eine glückliche Kindheit zu haben

Ben Furman

In Wissenschaft und Öffentlichkeit ist der Mythos fest verankert, daß schwierige Bedingungen in der Kindheit unweigerlich zu einem unglücklichen, gefährdeten Erwachsenenleben führen. Dies kann so sein, ist aber in den meisten Fällen nicht zwangsläufig so. Furman läßt eine große Zahl von Betroffenen selbst zu Wort kommen, die einen schwierigen Start ins Leben hatten und trotzdem oder gerade deshalb ein gelungenes Leben führen konnten. Hier geht es nicht darum, die Wahrheit zu schönen oder zu verbiegen und uns selbst zu belügen, damit wir die traurige Vergangenheit in rosarotem Licht sehen! Wir sollen auch nicht so tun, als hätten wir eine glückliche Kindheit gehabt, wenn es nicht so war. Aber tief in ihrem Herzen wissen die Menschen oft, was ihnen helfen könnte, und schaffen es trotz widriger Umstände glücklich zu werden. Das Buch will Mut machen, auf die innere Stimme zu hören.

● 7., unveränd. Auflage 2013, 104 S., Format DIN A5, br
ISBN 978-3-86145-173-0   Bestell-Nr. 8398, Euro 15,30

BORGMANN MEDIA

verlag modernes lernen ⓟ borgmann publishing

Schleefstr. 14 • D-44287 Dortmund • Bestell-Hotline: Tel. 0231 12 80 08 • FAX 0231 12 56 40
Ausführliche Informationen, Leseproben und Bestellen im Internet: www.verlag-modernes-lernen.de

Praxisbücher von Prof. Dr. Erich Kasten

Erich Kasten

Progressives Gedächtnis- und Konzentrationstraining

Am Anfang des Bandes finden Sie einen Test, mit dem Sie prüfen können, ob Sie wirklich Schwierigkeiten des Behaltens haben. Das Buch erklärt dann, wie man Texte bearbeitet, die wichtigsten Informationen herausfiltert und wie man sich diese am besten einprägen kann.

In zehn Kapiteln werden anschließend kurze Artikel vorgelegt, die auf diese Weise bearbeitet werden sollen. Die Abfrage der Informationen wird durch eine riesige Fülle von Übungen verzögert, z.B. Konzentrationstrainings, Aufgaben zum Leseverständnis, freies Zeichnen, fehlende Buchstaben finden, Fehlersuche, Übungen zum logischen Denken, den Weg durch ein Labyrinth suchen, Aufgaben zur Rechtschreibung und zum Kopf- und Textaufgaben-Rechnen, Geheim-Code-Entziffern, Sätze ergänzen, Altgedächtnis prüfen und vieles andere mehr. Die Bearbeitung macht Spaß, der Übende lernt Gedächtnistechniken anzuwenden und merkt rasch, dass man Informationen auf diese Weise gut behalten kann. Die einzelnen Kapitel haben ansteigenden Schwierigkeitsgrad, sowohl bei den Merk- als auch bei den Konzentrationsübungen, und sind dadurch für nahezu alle Gruppen von Betroffenen gut geeignet.

> 2. Aufl. 2014, 232 S., Format 16x23cm, br
> **ISBN 978-3-938187-61-6 | Bestell-Nr. 9412**
> **29,00 CHF | 17,90 Euro**

Erich Kasten

Übungsbuch Hirnleistungstraining

Hier finden Sie 137 abwechslungsreiche Übungen mit insgesamt zweitausend Einzelaufgaben, um ein gezieltes Hirnleistungstraining durchzuführen. Anhand von Symbolen im Inhaltsverzeichnis lassen die Übungen sich leicht bestimmten Schwerpunkten zuordnen, z.B.: Konzentration, Gedächtnis, Sprache, visuelle Wahrnehmung, Lesen, Textverständnis, Schreiben, Rechnen, Graphomotorik und Nachdenken. Innerhalb der einzelnen Übungsbereiche haben die Aufgaben meist ein ansteigendes Schwierigkeitsniveau, um das Leistungsvermögen stufenweise zu erhöhen. Viele der Aufgaben fördern auch die Kreativität des Übenden und machen richtig Spaß. Ein Hirnleistungstraining mit diesem Buch wird für Jung und Alt nicht zur langweiligen Pflichtübung, sondern zur interessanten Herausforderung, an der man eigene Fähigkeiten messen und trainieren kann. Durch die große Fülle unterschiedlichster Übungen eignet sich das Buch ebenso zur Erhöhung der Konzentration bei lernschwachen Schülern, zur Behandlung von Patienten mit Leistungseinbußen nach einer Hirnschädigung wie auch zur Anregung für ältere Menschen und alle anderen, die sich geistig fit halten wollen.

> 6. Auflage 2012, 240 Seiten, 16x23cm, br, Alter: ab 18
> **ISBN 978-3-86145-311-6 | Bestell-Nr. 8552**
> **28,30 CHF | 17,50 Euro**

Erich Kasten

Lesen, merken und erinnern

Übungen für Vergessliche und Ratschläge für Angehörige und Therapeuten

„Das anschaulich geschriebene Arbeitsbuch über die Therapie von Störungen des Mittelzeitgedächtnisses bietet über 70 erwachsenengerechte Aufgaben für lese- und schreibfähige Patienten. Dabei gibt es acht verschiedene Aufgabentypen, wie Wortlisten merken, Zeitungsartikel lesen und wiedergeben oder Einkäufe per Liste erledigen. Durch die verschiedenen Aufgabentypen können gleichermaßen unterschiedliche Gedächtnisstrategien vermittelt, aber auch dem Lerntyp entsprechende Varianten beim Assoziieren ausfindig gemacht werden. Zu Beginn eines jeden Kapitels werden dem Leser die betreffenden Strategien dargestellt, die bei den dann folgenden 10 Aufgaben des gleichen Typs verwendet werden können. Der Übungsteil ist auch als Eigenprogramm und Therapiematerial für Kleingruppen verwendbar.

Das Buch ist allen Vergesslichen sowie deren Angehörigen und Therapeuten, die gerne mit Papier und Bleistift arbeiten, statt am Bildschirm zu sitzen, sehr zu empfehlen." Kirsten Minkwitz, Ergotherapie & Rehabilitation

„Ich empfehle das Buch Menschen jeden Alters, die einfach mal etwas für ihr Gedächtnis tun möchten, ohne größere Einschränkungen zu haben. Es gibt dem Leser die Möglichkeit, in seiner eigenen Geschwindigkeit ein strukturiertes Training zu absolvieren." Natali Mallek, www.mal-alt-werden.de

5., überarbeitete Aufl. 2011, 192 S., durchgehend illustriert, Format 16x23cm, br
ISBN 978-3-86145-332-1 | Bestell-Nr. 8533
24,80 CHF | 15,30 Euro

Pressestimmen zum: Übungsbuch Hirnleistungstraining

„Das Buch eignet sich für Übungsleiter und Therapeuten, die im Bereich Hirnleistungstraining, Gehirntraining, Gedächtnistraining und Co. tätig sind. Die Übungen lassen sich sofort einsetzen und sind bestimmten Trainingszielen in übersichtlicher Art und Weise zugeordnet. Insgesamt eine Bereicherung meines Bücherregals." Natali Mallek, www.mal-alt-werden.de

„Durch die große Fülle unterschiedlichster Übungen eignet sich das Buch sowohl zur Erhöhung der Konzentration bei lernschwachen Schülern, zur Behandlung von Patienten mit Leistungseinbußen nach einer Hirnschädigung, als auch zur Anregung für alle, die sich geistig fit halten wollen." Sichere Arbeit (A)

„Kasten informiert einleitend kurz über die Geschichte der Hirnforschung, über Ursachen und Folgen von Hirnschäden und über Möglichkeiten, Gehirnfunktionen zu trainieren. Im Hauptteil findet sich dann eine Fülle von Übungen (mit Aufforderungen zum Eintragen in das Buch), mit denen Hirnleistungstraining bei erkrankten Erwachsenen durchgeführt werden kann.

Die Aufgaben sind verschiedenen Funktionsstörungen und Trainingsbereichen (Konzentration, Gedächtnis, Sprache, visuelle Wahrnehmung ...) zugeordnet und können nicht nur von Fachleuten, sondern auch von betroffenen Angehörigen eingesetzt werden." ekz-Informationsdienst für Bibliotheken

verlag modernes lernen

Schleefstraße 14, D-44287 Dortmund
Telefon 02 31 12 80 08, Fax 02 31 12 56 40
Gebührenfreie Bestell-Hotline: Telefon 08 00 77 22 345, Fax 08 00 77 22 344
Leseproben, Rezensionen, Bestellen im Internet: www.verlag-modernes-lernen.de